쓰면 외워지는 중국어 필기노트

기초회화

쓰면 외워지는
중국어 필기노트: 기초회화

지은이 김미선
펴낸이 안용백
펴낸곳 (주)넥서스

초판 1쇄 인쇄 2015년 9월 15일
초판 1쇄 발행 2015년 9월 20일

출판신고 1992년 4월 3일 제311-2002-2호
04044 서울시 마포구 양화로 8길 24
Tel (02)330-5500 Fax (02)330-5555
ISBN 979-11-5752-517-1 13720

저자와 출판사의 허락 없이 내용의 일부를
인용하거나 발췌하는 것을 금합니다.

가격은 뒤표지에 있습니다.
잘못 만들어진 책은 구입처에서 바꾸어 드립니다.

www.nexusbook.com
넥서스CHINESE는 (주)넥서스의 중국어 전문 브랜드입니다.

쓰면 외워지는 중국어 필기노트

기초회화

김마선 지음

你好! 学汉语怎么样?

넥서스 CHINESE

들어가기 전

작문도 아니고... 회화를 쓰면서 공부한다고?

직접 말을 해 봐야 외국어 회화 실력이 는다는 것은 너무나 자명한 사실입니다. 하지만 눈으로 보고 입으로 따라 말하기를 반복하더라도, 공부한 문장이 잘 생각나지 않는 경우가 많습니다. 현실에서는 외국인과 직접 말해 볼 수 있는 기회가 흔치 않으니 금세 잊어버리게 됩니다.
"어떻게 하면 공부한 문장을 오래 기억할 수 있을까?"
이 책은 이런 현실적인 고민에서 출발했습니다.

눈으로 보고, 입으로 말하고, 손으로 쓰고

고민의 답은 아이들이 처음 문자를 배우는 모습을 보면서 찾을 수 있었습니다. 아이들이 처음 '한글'을 배울 때 'ㄱ'이란 글자를 눈으로 보고, '기역'이라고 입으로 소리 내어 말을 하지요? 그리고 거기서 그치지 않고 노트에 연필로 'ㄱ'을 씁니다. 언어를 제대로 익힐 때는 이렇게 '쓰기' 과정을 꼭 거치게 됩니다. 언어를 제 것으로 만들려면 눈으로 읽고 입으로 말하는 것뿐만 아니라 '손으로 쓰는' 과정이 필요한 것입니다.
그러나 중국어는 쓰기까지 완벽하게 되기엔 어려움이 많습니다. 그래서 초보자들은 먼저 병음을 익히고, 소리에 익숙해지다 보면 글자는 서서히 알아가게 됩니다. 그래서 수준에 따라 병음을 쓰면서도 중국어와 익숙해질 수 있도록 했습니다.

손으로 쓰면서 공부하면 입으로만 외우는 것보다 훨씬 기억에 오래 남습니다. 손을 사용했을 때 우리의 뇌는 입력된 정보를 더 오래 기억하기 때문입니다. 익히고자 하는 문장을 손으로 쓰고 소리 내어 말해 보면 그 문장이 머릿속에 각인되어 온전히 내 것이 됩니다. 특히 문장을 통암기할 때 '쓰면서 외우는' 학습법은 더 효과적입니다.

'쓰기'가 분명 암기에 도움이 되지만, 무작정 여러 번 쓴다고 해서 그 문장을 외울 수 있는 것은 아닙니다. '듣기', '쓰기', '말하기'의 세 박자가 잘 맞아야 합니다. 꼭 책에서 제시하는 3단계 학습법을 따라 해 주세요. 그냥 쓰기만 해서는 '손 고생'밖에 안 된답니다. 간단하고 쉬워 보여도 어떻게 하느냐에 따라 그 결과는 달라질 것입니다. 제대로 학습한다면 하루 한 시간씩 9일 후에는 기초회화 216문장을 통암기할 수 있게 됩니다.

이 책은 눈으로 보기만 하는 중국어 책이 아니라 여러분이 직접 쓰면서 만들어가는 책입니다.
세상에서 하나뿐인 나만의 중국어 학습 노트를 만들어 보세요.

加油!

MP3 100% 활용법

듣기 귀찮으니 그냥 책만 보신다고요? 哎呀, 不要!
외국어 학습에서 음원 듣기는 필수(!)입니다. 책만 보고 무작정 쓰는 노가다는 이제 그만!
그래서 이 책은 '일단 듣기'와 '회화 연습' 두 가지 버전의 MP3 파일을 제공합니다.

일단 듣기

우리말과 중국어 문장이 녹음되어 있습니다.
말 그대로 일단 먼저 들어 보세요. 책을 보지 않고 듣기만 해도 공부가 됩니다.

✓ check point!
- 원어민 발음을 확인한다.
- '이런 말을 중국어로는 이렇게 하는구나' 이해한다.
- 반복해서 듣는다.

회화 연습

우리말 해석을 듣고 각자 중국어로 말해 보세요.
2초 후에 나오는 원어민 음성을 들으면서 중국어 표현을 확인합니다.

✓ check point!
- 제대로 외웠는지 확인한다.
- 원어민 발음에 가깝게 말하도록 반복 훈련한다.
- 우리말을 듣고 바로 중국어 표현이 생각나지 않는다면 다시 복습한다.

MP3 무료로 다운받기

1 www.nexusbook.com에서 도서명으로 검색하여 다운받으세요.

2 스마트폰에서 바로 듣기!
스마트폰으로 책 속의 QR코드를 찍어 보세요.

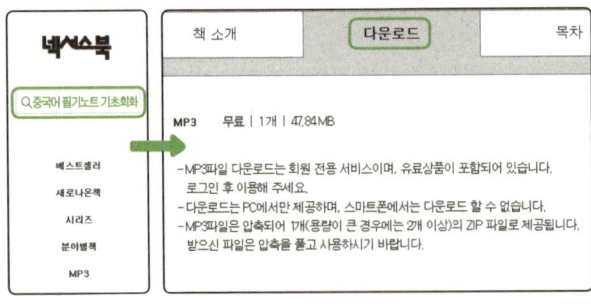

이 책을 미리 써본
체험단의 학습 후기

이전에는 학교 숙제로 연습장에 단어를 빈 공간이 없도록 써가야 하던 때가 있었어요. 한자 또한 그렇게 쓰고 외워서 시험을 봤었고요. 그때야 하얀 공백을 메꿔야 하는 의무감이 공부보다 먼저인 철없던 시절이었지요. 감회가 새로웠어요.
★ 박진희(중학교 선생님)

시작하는 첫날은 한 시간을 꽉 채워 6장을 쓰고 나니 어찌나 마음이 뿌듯한지 금방이라도 중국어가 마스터되는 기분이에요. 이번에는 확실히 입을 열 수 있을 거 같아요. ★ 이해림(화장품 회사 직원)

200문장을 통암기한다고 했는데, 실제는 216문장입니다. 아직 한자는 익숙하지 않아서 늘 병음으로 쓰고 있는데, 그 배려까지 한 거 같아 다행이에요. 한자는 어려워요. ★ 이규호(무역회사 새내기)

한자 세대가 아니라서 중국어는 더 어렵게 생각돼요. 문맹이나 마찬가지이지요.^^ 아이와 함께 공부하고 있는데 생각보다 재미있어요. ★ 김민희(주부)

내년에 지사로 나갈 계획이라 당장 급해요. 기초회화만이라도 되면 좋겠어요. 스케줄처럼 되어 있어서 짬짬이 해볼 만해요. ★ 박미영(헤어 디자이너)

중국 대학으로 진학을 생각하는 고2입니다. 이 노트를 보니 처음 영어 단어 외우던 생각이 납니다. 저는 원래 글씨를 못 쓰는데, 글씨 연습도 되고 회화도 외울 수 있어서 좋아요. ★ 김민규(유학 준비생)

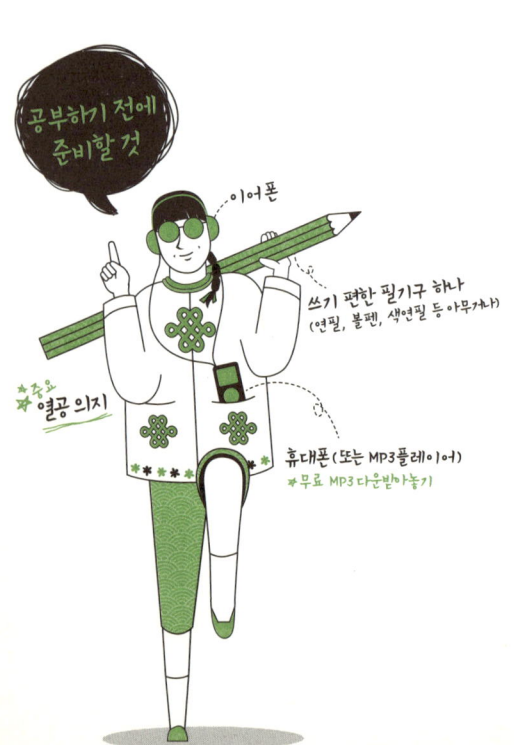

활용도 100%
한마디면 충분해

일단 듣기

회화 듣기

내 머릿속 지우개는 NO!
**효과 100%
절대 암기법**

일단 듣기 ➡ 쓰면서 자동 암기 ➡ 회화연습

활용도 100%
한마디면 충분해

MP3 001-024

기초회화　　　　　　　　　　STEP 1 일단 듣기

당신은요?/당신 생각은 어때요?
你呢?
Nǐ ne?

001

*대상+呢는 대상의 생각이 어떠한지 묻고자 할 때 씁니다.

그런대로 괜찮아요.
还好。
Hái hǎo.

002

좋아요.
不错。
Bú cuò.

003

*错는 '틀리다'라는 뜻이지만, 不错는 '괜찮다', '좋다'의 의미로 쓰입니다.

네.
是的。
Shì de.

004

*是에 的를 붙이면 부드러운 어투가 됩니다. 是啊도 마찬가지입니다.

STEP 2 병음 2번, 중국어 3번 쓰기

STEP 3 말하기

✎ Nǐ ne?

✎ 你呢?

✎ Hái hǎo.

✎ 还好。

✎ Bú cuò.

✎ 不错。

✎ Shì de.

✎ 是的。

기초회화   STEP 1 일단 듣기

알겠어요.
好的。
Hǎo de.

🎧 **005** ✓○○

아니에요./아니요.
不是。
Bú shì.

🎧 **006** ○○○

왜 그러시죠?
怎么了?
Zěnme le?

＊사건의 경위를 묻는 표현입니다.

🎧 **007** ○○○

안 씁니다./그럴 필요 없어요.
不用。
Bú yòng.

🎧 **008** ○○○

한마디면 충분해

> **STEP 2** 병음 2번, 중국어 3번 쓰기　　　**STEP 3** 말하기

✎ Hǎo de.

✎ 好的。

✎ Bú shì.

✎ 不是。

✎ Zěnme le?

✎ 怎么了?

✎ Bú yòng.

✎ 不用。

기초회화　　　　　　　　　　　　STEP 1 일단 듣기

실례지만./말씀 좀 물을게요.
请问。
Qǐng wèn.

009

어때요?
怎么样?
Zěnmeyàng?

010

편하실 대로요./마음대로 하세요.
随便。
Suíbiàn.

011

*중국인이 습관적으로 쓰는 말 1위에 뽑힐 정도로 많이 쓰이는 말입니다.

정말이에요?
真的吗?
Zhēnde ma?

012

활용도 100%
한마디면 충분해

> **STEP 2** 병음 2번, 중국어 3번 쓰기   **STEP 3** 말하기

✎ Qǐng wèn.

✎ 请问。

✎ Zěnmeyàng?

✎ 怎么样?

✎ Suíbiàn.

✎ 随便。

✎ Zhēnde ma?

✎ 真的吗?

기초회화　　　　　　　　　STEP 1 일단 듣기

가능해요.
可以。
Kěyǐ.

013

맞아요.
对了。
Duì le.

014

가능해요.
行啊。
Xíng a.

015

그래요?
是吗?
Shì ma?

016

한마디면 충분해

STEP 2 병음 2번, 중국어 3번 쓰기   STEP 3 말하기

Kěyǐ.

可以。

Duì le.

对了。

Xíng a.

行啊。

Shì ma?

是吗?

기초회화 　　　　　　　　　　　　STEP 1 일단 듣기

맞아요.
没错。
Méi cuò.

 017

＊对了와 같은 뜻으로, 不错와 구별됩니다.

왜요?
为什么?
Wèi shénme?

 018

필요 없어요.
不要了。
Bú yào le.

 019

＊了를 붙이면 어투가 부드러워집니다.

있어요.
有啊。
Yǒu a.

 020

활용도 100%
한마디면 충분해

> **STEP 2** 병음 2번, 중국어 3번 쓰기   **STEP 3** 말하기

✎ Méi cuò.

✎ 没错。

✎ Wèi shénme?

✎ 为什么?

✎ Bú yào le.

✎ 不要了。

✎ Yǒu a.

✎ 有啊。

기초회화 　　　　　　　　　　　　STEP 1 일단 듣기

보세요.
你看。
Nǐ kàn.

021

당연하죠.
当然了。
Dāngrán le.

022

드릴까요?/필요하세요?
要吗?
Yào ma?

023

없어요.
没有。
Méi yǒu.

024

한마디면 충분해

STEP 2 병음 2번, 중국어 3번 쓰기　　　　**STEP 3** 말하기

✎ Nǐ kàn.

✎ 你看。

✎ Dāngrán le.

✎ 当然了。

✎ Yào ma?

✎ 要吗?

✎ Méi yǒu.

✎ 没有。

방금 외운 문장, 확인하고 넘어가자!

이 말, 중국어로는 뭐라고 할까요? 다시 한 번 쓰면서 말해 보세요.

당신은요? / 당신 생각은 어때요? Nǐ ne?

✎

그런대로 괜찮아요. Hái hǎo.

✎

좋아요. Bú cuò.

✎

네. Shì de.

✎

알겠어요. Hǎo de.

✎

아니에요. / 아니요. Bú shì.

✎

왜 그러시죠? Zěnme le?

✎

안 씁니다. / 그럴 필요 없어요. Bú yòng.

✎

실례지만. / 말씀 좀 물을게요. Qǐng wèn.

어때요? Zěnmeyàng?

편하실 대로요. / 마음대로 하세요. Suíbiàn.

정말이에요? Zhēnde ma?

가능해요. Kěyǐ.

맞아요. Duì le.

가능해요. Xíng a.

그래요? Shì ma?

맞아요. Méi cuò.

왜요? Wèi shénme?

필요 없어요. Bú yào le.

있어요. Yǒu a.

보세요. Nǐ kàn.

당연하죠. Dāngrán le.

드릴까요? / 필요하세요? Yào ma?

없어요. Méi yǒu.

말만 잘해도 인생 성공
인사, 사과, 감사

 일단 듣기
 회화 듣기

내 머릿속 지우개는 NO!
효과 100%
절대 암기법

 일단 듣기 →  쓰면서 자동 암기 →  회화 연습

말만 잘해도 인생 성공
인사, 사과, 감사

MP3 025-048

기초회화　　　　　　　　　　　**STEP 1 일단 듣기**

안녕!
你好!
Nǐ hǎo!

025

*처음 만날 때 하는 인사로, 你好吗?와 구별됩니다.

여러분, 안녕하세요!
大家好!
Dàjiā hǎo!

026

잘 지내세요?
你好吗?
Nǐ hǎo ma?

027

*이미 알고 지내는 사람의 근황을 묻는 표현입니다.

나는 잘 지내요.
我很好。
Wǒ hěn hǎo.

028

STEP 2 병음 2번, 중국어 3번 쓰기   STEP 3 말하기

✏️ Nǐ hǎo!

✏️ 你好!

✏️ Dàjiā hǎo!

✏️ 大家好!

✏️ Nǐ hǎo ma?

✏️ 你好吗?

✏️ Wǒ hěn hǎo.

✏️ 我很好。

기초회화 　　　　　　　　　　　　STEP 1 일단 듣기

요즘 어떻습니까?
你最近怎么样?
Nǐ zuìjìn zěnmeyàng?

029

굿모닝!
早上好!
Zǎoshang hǎo!

030

*짧게 줄여 早![Zǎo] 라고 말하기도 합니다.

안녕히 가세요!
再见!
Zài jiàn!

031

*영어의 영향으로 'Bye-bye'를 음역한 拜拜(bàibai)도 젊은이들 사이에서 많이 쓰입니다.

내일 만나요!
明天见!
Míngtiān jiàn!

032

말만 잘해도 인생 성공
인사, 사과, 감사

STEP 2 병음 2번, 중국어 3번 쓰기 　　　　　STEP 3 말하기

✎ Nǐ zuìjìn zěnmeyàng?

✎ 你最近怎么样？

✎ Zǎoshang hǎo!

✎ 早上好！

✎ Zài jiàn!

✎ 再见！

✎ Míngtiān jiàn!

✎ 明天见！

기초회화　　　　　　　　　　　　STEP 1 일단 듣기

이따 봐요!
一会儿见!
Yíhuìr jiàn!

033

＊글자 뒤에 儿을 붙이면 앞글자의 발음이 혀를 굴리는 권설 운모로 바뀝니다.

안녕히 주무세요!
晚安!
Wǎn'ān!

034

＊단어의 두 번째 음절이 a, e, o로 시작할 때는 '(격음부호)로 구분해 줍니다.

고마워요!
谢谢!
Xièxie!

035

별말씀을요!
不客气!
Bú kèqi!

036

말만 잘해도 인생 성공

인사, 사과, 감사

STEP 2 병음 2번, 중국어 3번 쓰기   STEP 3 말하기

✎ Yíhuìr jiàn!

✎ 一会儿见!

✎ Wǎn'ān!

✎ 晚安!

✎ Xièxie!

✎ 谢谢!

✎ Bú kèqi!

✎ 不客气!

기초회화 　　　　　　　　　　　　　　STEP 1 일단 듣기

천만에요!
不用谢。
Búyòng xiè.

037

죄송합니다.
对不起。
Duìbuqǐ.

*对不起는 자신의 잘못을 인정하고 사죄하는 표현이고, 실생활에서는 **不好意思**를 더 많이 씁니다.

미안합니다.
不好意思。
Bù hǎo yìsi.

039

실례가 많았습니다.
打扰了。
Dǎrǎo le.

040

말만 잘해도 인생 성공
인사, 사과, 감사

STEP 2 병음 2번, 중국어 3번 쓰기   STEP 3 말하기

✏️ Búyòng xiè.

✏️ 不用谢。

✏️ Duìbuqǐ.

✏️ 对不起。

✏️ Bù hǎo yìsi.

✏️ 不好意思。

✏️ Dǎrǎo le.

✏️ 打扰了。

기초회화

STEP 1 일단 듣기

괜찮아요.
没关系!
Méi guānxi!

041

좀 기다려 주세요.
等一下。
Děng yíxià.

042

오랜만입니다.
好久不见。
Hǎojiǔ bú jiàn.

043

*여기서 好는 형용사 '좋다'가 아니라 부사로 '매우'의 의미입니다.

어떻게 지냈어요?
你是怎么过的?
Nǐ shì zěnme guò de?

044

*'是~的'는 행위의 방법, 시간, 장소 등을 강조할 때 쓰이는데 여기서는 방법, 즉 '어떻게'를 강조합니다.

말만 잘해도 인생 성공
인사, 사과, 감사

STEP 2 병음 2번, 중국어 3번 쓰기 ## STEP 3 말하기

✎ Méi guānxi!

✎ 没关系！

✎ Děng yíxià.

✎ 等一下。

✎ Hǎojiǔ bú jiàn.

✎ 好久不见。

✎ Nǐ shì zěnme guò de?

✎ 你是怎么过的？

35

기초회화 　　　　　　　　　　　　STEP 1 일단 듣기

오늘 바쁘세요?
今天你忙不忙？
Jīntiān nǐ máng bu máng?

045

*동사 혹은 형용사를 '긍정＋부정' 형태로 쓰면 이것도 의문문이 됩니다.

나는 요즘 너무 바빠요.
我最近太忙了。
Wǒ zuìjìn tài máng le.

046

나오지 마세요.
请留步。
Qǐng liú bù.

047

살펴 가세요.
慢走。
Màn zǒu.

048

말만 잘해도 인생 성공
인사, 사과, 감사

STEP 2 병음 2번, 중국어 3번 쓰기 　　　　　STEP 3 말하기

🖉 Jīntiān nǐ máng bu máng?

🖉 今天你忙不忙？

🖉 Wǒ zuìjìn tài máng.

🖉 我最近太忙。

🖉 Qǐng liú bù.

🖉 请留步。

🖉 Màn zǒu.

🖉 慢走。

방금 외운 문장, 확인하고 넘어가자!

이 말, 중국어로는 뭐라고 할까요? 다시 한 번 쓰면서 말해 보세요.

안녕! Nǐ hǎo!

여러분, 안녕하세요! Dàjiā hǎo!

잘 지내세요? Nǐ hǎo ma?

나는 잘 지내요. Wǒ hěn hǎo.

요즘 어떻습니까? Nǐ zuìjìn zěnmeyàng?

굿모닝! Zǎoshang hǎo!

안녕히 가세요! Zài jiàn!

내일 만나요! Míngtiān jiàn!

이따 봐요! Yíhuìr jiàn!

안녕히 주무세요! Wǎn'ān!

고마워요! Xièxie!

별말씀을요! Bú kèqi!

천만에요! Búyòng xiè.

죄송합니다. Duìbuqǐ.

미안합니다. Bù hǎo yìsi.

실례가 많았습니다. Dǎrǎo le.

괜찮아요. Méi guānxi!

좀 기다려 주세요. Děng yíxià.

오랜만입니다. Hǎojiǔ bú jiàn.

어떻게 지냈어요? Nǐ shì zěnme guò de?

오늘 바쁘세요? Jīntiān nǐ máng bu máng?

나는 요즘 너무 바빠요. Wǒ zuìjìn tài máng le.

나오지 마세요. Qǐng liú bù.

살펴 가세요. Màn zǒu.

만나서 반가워
소개 1

 일단 듣기　 회화 듣기

 → 쓰면서 자동 암기 →

일단 듣기　→　쓰면서 자동 암기　→　회화 연습

만나서 반가워
소개 1

MP3 049-072

> 기초회화   STEP 1 일단 듣기

그는 누구시죠?
他是谁?
Tā shì shéi?

049

그분은 제 아버지십니다.
他是我爸爸。
Tā shì wǒ bàba.

050

그녀는 당신 어머니십니까?
她是不是你妈妈?
Tā shì bu shì nǐ māma?

051

이 사람은 나의 친구입니다.
这是我的朋友。
Zhè shì wǒ de péngyou.

052

STEP 2 병음 2번, 중국어 3번 쓰기　　STEP 3 말하기

✎ Tā shì shéi?

✎ 他是谁?

✎ Tā shì wǒ bàba.

✎ 他是我爸爸。

✎ Tā shì bu shì nǐ māma?

✎ 她是不是你妈妈?

✎ Zhè shì wǒ de péngyou.

✎ 这是我的朋友。

기초회화　　　　　　　　　　　STEP 1 일단 듣기

성함이 어떻게 되세요?
您贵姓?
Nín guì xìng?

*贵는 명사 앞에 쓰여 상대와 관련있는 대상을 높여 부르는 표현에 쓰입니다.

나는 왕씨이고, 이름은 왕리라고 합니다.
我姓王, 叫王丽。
Wǒ xìng Wáng, jiào Wáng Lì.

이름이 뭐예요?
你叫什么名字?
Nǐ jiào shénme míngzi?

당신은 어느 나라 사람입니까?
你是哪国人?
Nǐ shì nǎ guó rén?

만나서 반가워
소개 1

STEP 2 병음 2번, 중국어 3번 쓰기 　　　STEP 3 말하기

✎ Nín guì xìng?

✎ 您贵姓?

✎ Wǒ xìng Wáng, jiào Wáng Lì.

✎ 我姓王, 叫王丽。

✎ Nǐ jiào shénme míngzi?

✎ 你叫什么名字?

✎ Nǐ shì nǎ guó rén?

✎ 你是哪国人?

기초회화

STEP 1 일단 듣기

나는 중국인입니다.
我是中国人。
Wǒ shì Zhōngguó rén.

057

만나서 반가워요.
认识你很高兴。
Rènshi nǐ hěn gāoxìng.

058

*认识는 '(사람이나 글자 등을) 알다'는 의미로 '(사실 등을) 알다'라는 동사 知道와 구분됩니다.

이건 나의 명함입니다.
这是我的名片。
Zhè shì wǒ de míngpiàn.

059

핸드폰 번호가 어떻게 되십니까?
你的手机号码是多少?
Nǐ de shǒujī hàomǎ shì duōshao?

060

만나서 반가워
소개 1

STEP 2 병음 2번, 중국어 3번 쓰기

Wǒ shì Zhōngguó rén.

我是中国人。

Rènshi nǐ hěn gāoxìng.

认识你很高兴。

Zhè shì wǒ de míngpiàn.

这是我的名片。

Nǐ de shǒujī hàomǎ shì duōshao?

你的手机号码是多少？

STEP 3 말하기

기초회화

STEP 1 일단 듣기

제 배우자를 좀 소개하겠습니다.
我来介绍一下我的爱人。
Wǒ lái jièshào yíxià wǒ de àiren.

061

*来는 동사 앞에 쓰여 주어가 어떤 동작을 주도적으로 한다는 의미를 갖게 합니다.

그녀는 영어 선생님이에요.
她是英语老师。
Tā shì Yīngyǔ lǎoshī.

062

당신은 식구가 몇 명이에요?
你家有几口人?
Nǐ jiā yǒu jǐ kǒu rén?

063

*여기서 口는 식구를 셀 때 쓰는 양사(단위)입니다.

나는 외동딸입니다.
我是独生女。
Wǒ shì dúshēngnǚ.

064

소개 1

STEP 2 병음 2번, 중국어 3번 쓰기　　STEP 3 말하기

Wǒ lái jièshào yíxià wǒ de àiren.

我来介绍一下我的爱人。

Tā shì Yīngyǔ lǎoshī.

她是英语老师。

Nǐ jiā yǒu jǐ kǒu rén?

你家有几口人?

Wǒ shì dúshēngnǚ.

我是独生女。

기초회화 STEP 1 일단 듣기

나는 맏이입니다.
我是老大。
Wǒ shì lǎodà.

065

그녀는 막내입니다.
她是老小。
Tā shì lǎoxiǎo.

066

이것은 우리 집 가족 사진입니다.
这是我家的全家福。
Zhè shì wǒ jiā de quánjiāfú.

067

당신 부모님께서는 무슨 일을 하세요?
你的父母做什么工作?
Nǐ de fùmǔ zuò shénme gōngzuò?

068

＊做는 '～하다'라는 의미의 가장 기본적인 동사입니다.

만나서 반가워
소개 1

> **STEP 2** 병음 2번, 중국어 3번 쓰기   **STEP 3** 말하기

Wǒ shì lǎodà.

我是老大。

Tā shì lǎoxiǎo.

她是老小。

Zhè shì wǒ jiā de quánjiāfú.

这是我家的全家福。

Nǐ de fùmǔ zuò shénme gōngzuò?

你的父母做什么工作？

기초회화　　　　　　　　STEP 1 일단 듣기

나의 아버지는 경찰관이십니다.
我爸爸是警察。
Wǒ bàba shì jǐngchá.

069

나는 두 명의 아이가 있습니다.
我有两个孩子。
Wǒ yǒu liǎng ge háizi.

070

당신은 형제자매가 있습니까?
你有兄弟姐妹吗?
Nǐ yǒu xiōngdì jiěmèi ma?

071

그녀는 한중 병원에서 근무합니다.
她在韩中医院工作。
Tā zài Hánzhōng Yīyuàn gōngzuò.

072

만나서 반가워 소개 1

STEP 2 병음 2번, 중국어 3번 쓰기   STEP 3 말하기

Wǒ bàba shì jǐngchá.

我爸爸是警察。

Wǒ yǒu liǎng ge háizi.

我有两个孩子。

Nǐ yǒu xiōngdì jiěmèi ma?

你有兄弟姐妹吗?

Tā zài Hánzhōng Yīyuàn gōngzuò.

她在韩中医院工作。

방금 외운 문장, 확인하고 넘어가자!

이 말, 중국어로는 뭐라고 할까요? 다시 한 번 쓰면서 말해 보세요.

그는 누구시죠? Tā shì shéi?

그분은 제 아버지십니다. Tā shì wǒ bàba.

그녀는 당신 어머니십니까? Tā shì bu shì nǐ māma?

이 사람은 나의 친구입니다. Zhè shì wǒ de péngyou.

성함이 어떻게 되세요? Nín guì xìng?

나는 왕씨이고, 이름은 왕리라고 합니다. Wǒ xìng Wáng, jiào Wáng Lì.

이름이 뭐예요? Nǐ jiào shénme míngzi?

당신은 어느 나라 사람입니까? Nǐ shì nǎ guó rén?

나는 중국인입니다. Wǒ shì Zhōngguó rén.

만나서 반가워요. Rènshi nǐ hěn gāoxìng.

이것은 나의 명함입니다. Zhè shì wǒ de míngpiàn.

핸드폰 번호가 어떻게 되십니까? Nǐ de shǒujī hàomǎ shì duōshao?

제 배우자를 좀 소개하겠습니다. Wǒ lái jièshào yíxià wǒ de àiren.

그녀는 영어 선생님이에요. Tā shì Yīngyǔ lǎoshī.

당신은 식구가 몇 명이에요? Nǐ jiā yǒu jǐ kǒu rén?

나는 외동딸입니다. Wǒ shì dúshēngnǚ.

나는 맏이입니다. Wǒ shì lǎodà.

그녀는 막내입니다. Tā shì lǎoxiǎo.

이것은 우리 집 가족 사진입니다. Zhè shì wǒ jiā de quánjiāfú.

당신 부모님께서는 무슨 일을 하세요? Nǐ de fùmǔ zuò shénme gōngzuò?

나의 아버지는 경찰관이십니다. Wǒ bàba shì jǐngchá.

나는 두 명의 아이가 있습니다. Wǒ yǒu liǎng ge háizi.

당신은 형제자매가 있습니까? Nǐ yǒu xiōngdì jiěmèi ma?

그녀는 한중 병원에서 근무합니다. Tā zài Hánzhōng Yīyuàn gōngzuò.

만나서 반가워
소개 2

 일단 듣기    회화 듣기

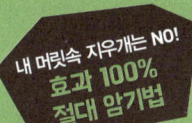
내 머릿속 지우개는 NO!
효과 100%
절대 암기법

 →  →

일단 듣기 → 쓰면서 자동 암기 → 회화연습

만나서 반가워
소개 2

MP3 073-096

기초회화　　　　　　　　　　　STEP 1 일단 듣기

내가 당신에게 소개시켜 줄까요?
要不要我给你介绍一下?
Yào bu yào wǒ gěi nǐ jièshào yíxià?

073

너는 올해 몇 살이니?
你今年几岁?
Nǐ jīnnián jǐ suì?

074

나이가 어떻게 되세요?
你今年多大?
Nǐ jīnnián duō dà?

075

장 사장님은 올해 연세가 어떻게 되세요?
张经理今年多大年纪?
Zhāng jīnglǐ jīnnián duō dà niánjì?

076

*자신보다 연배가 높은 사람의 나이를 여쭤볼 때 **年纪** 또는 **岁数**를 붙여서 질문합니다.

STEP 2 병음 2번, 중국어 3번 쓰기

STEP 3 말하기

Yào bu yào wǒ gěi nǐ jièshào yíxià?

要不要我给你介绍一下?

Nǐ jīnnián jǐ suì?

你今年几岁?

Nǐ jīnnián duō dà?

你今年多大?

Zhāng jīnglǐ jīnnián duō dà niánjì?

张经理今年多大年纪?

기초회화

STEP 1 일단 듣기

그는 50세입니다.
他五十岁。
Tā wǔshí suì.

그 여자는 서른 살 조금 넘었죠?
她三十多岁吧?
Tā sānshí duō suì ba?

*多는 수량을 나타내는 말 뒤에 쓰여 '~남짓', '~여'의 의미를 가집니다.

그분이 금년에 연세가 어떻게 되는지 아십니까?
你知道他今年多大岁数吗?
Nǐ zhīdao tā jīnnián duō dà suìshu ma?

그녀는 금년에 일흔이 되셨어요.
她今年七十了。
Tā jīnnián qīshí le.

만나서 반가워
소개 2

> **STEP 2** 병음 2번, 중국어 3번 쓰기   **STEP 3** 말하기

✎ Tā wǔshí suì.

✎ 他五十岁。

✎ Tā sānshí duō suì ba?

✎ 她三十多岁吧?

✎ Nǐ zhīdao tā jīnnián duō dà suìshu ma?

✎ 你知道他今年多大岁数吗?

✎ Tā jīnnián qīshí le.

✎ 她今年七十了。

기초회화 　　　　　　　　　　　STEP 1 일단 듣기

당신은 무슨 띠이신가요?
你属什么?
Nǐ shǔ shénme?

🎧 081

*属는 '~띠이다'라는 뜻입니다.

나는 말띠입니다.
我属马。
Wǒ shǔ mǎ.

🎧 082

그는 젊어요.
他很年轻。
Tā hěn niánqīng .

🎧 083

그녀는 아직 결혼하지 않았어요.
她还没结婚。
Tā hái méi jiéhūn.

🎧 084

소개 2

STEP 2 병음 2번, 중국어 3번 쓰기

✎ Nǐ shǔ shénme?

✎ 你属什么？

✎ Wǒ shǔ mǎ.

✎ 我属马。

✎ Tā hěn niánqīng.

✎ 他很年轻。

✎ Tā hái méi jiéhūn.

✎ 她还没结婚。

기초회화 STEP 1 일단 듣기

이 아이는 당신의 손녀입니까?
这是您的孙女吗?
Zhè shì nín de sūnnǚ ma?

제 아들은 올해 유치원에 들어갑니다.
我儿子今年开始上幼儿园。
Wǒ érzi jīnnián kāishǐ shàng yòu'éryuán.

*上은 '들어가다', '진입하다'의 의미도 있습니다.

제 딸은 초등학교에 다닙니다.
我的女儿上小学。
Wǒ de nǚ'ér shàng xiǎoxué.

*的를 생략해도 됩니다.

누가 더 나이가 많죠?
谁更大?
Shéi gèng dà?

*중국어로 나이가 '많다'는 표현을 할 때 多를 쓰지 않고 大를 씁니다.

소개 2

STEP 2 병음 2번, 중국어 3번 쓰기

Zhè shì nín de sūnnǚ ma?

这是您的孙女吗?

Wǒ érzi jīnnián kāishǐ shàng yòu'éryuán.

我儿子今年开始上幼儿园。

Wǒ de nǚ'ér shàng xiǎoxué.

我的女儿上小学。

Shéi gèng dà?

谁更大?

STEP 3 말하기

기초회화

STEP 1 일단 듣기

그녀는 나의 작은딸입니다.
她是我的小女儿。
Tā shì wǒ de xiǎo nǚ'ér.

내가 그보다 나이가 많아요.
我比他大。
Wǒ bǐ tā dà.

＊比는 비교의 의미를 나타냅니다.

나의 아들이 당신 아들보다 어려요.
我儿子比你的儿子小。
Wǒ érzi bǐ nǐ de érzi xiǎo.

그분은 건강하신가요?
他身体好吗?
Tā shēntǐ hǎo ma?

＊身体는 '몸'이라는 뜻 외에 '건강'의 뜻도 있습니다.

만나서 반가워
소개 2

> **STEP 2** 병음 2번, 중국어 3번 쓰기　　**STEP 3** 말하기

✎ Tā shì wǒ de xiǎo nǚ'ér.

✎ 她是我的小女儿。

✎ Wǒ bǐ tā dà.

✎ 我比他大。

✎ Wǒ érzi bǐ nǐ de érzi xiǎo.

✎ 我儿子比你的儿子小。

✎ Tā shēntǐ hǎo ma?

✎ 他身体好吗？

기초회화　　　　　　STEP 1 일단 듣기

당신은 저 사람을 아십니까?
你认识那个人吗?
Nǐ rènshi nà ge rén ma?

093

그는 나의 대학 동창입니다.
他是我大学同学。
Tā shì wǒ dàxué tóngxué.

094

나의 고향은 서울입니다.
我的老家在首尔。
Wǒ de lǎojiā zài Shǒu'ěr.

095

그녀는 어느 부서에서 근무합니까?
她在哪个部门工作?
Tā zài nǎ ge bùmén gōngzuò?

096

만나서 반가워
소개 2

> **STEP 2** 병음 2번, 중국어 3번 쓰기   **STEP 3** 말하기

✎ Nǐ rènshi nà ge rén ma?

✎ 你认识那个人吗?

✎ Tā shì wǒ dàxué tóngxué.

✎ 他是我大学同学。

✎ Wǒ de lǎojiā zài Shǒu'ěr.

✎ 我的老家在首尔。

✎ Tā zài nǎ ge bùmén gōngzuò?

✎ 她在哪个部门工作?

방금 외운 문장, 확인하고 넘어가자!

이 말, 중국어로는 뭐라고 할까요? 다시 한 번 쓰면서 말해 보세요.

내가 당신에게 소개시켜 줄까요? Yào bu yào wǒ gěi nǐ jièshào yíxià?

✏️

너는 올해 몇 살이니? Nǐ jīnnián jǐ suì?

✏️

나이가 어떻게 되세요? Nǐ jīnnián duō dà?

✏️

장 사장님은 올해 연세가 어떻게 되세요? Zhāng jīnglǐ jīnnián duō dà niánjì?

✏️

그는 50세입니다. Tā wǔshí suì.

✏️

그 여자는 서른 살 조금 넘었죠? Tā sānshí duō suì ba?

✏️

그분이 금년에 연세가 어떻게 되는지 아십니까? Nǐ zhīdao tā jīnnián duō dà suìshu ma?

✏️

그녀는 금년에 일흔이 되셨어요. Tā jīnnián qīshí le.

✏️

당신은 무슨 띠이신가요? Nǐ shǔ shénme?

나는 말띠입니다. Wǒ shǔ mǎ.

그는 젊어요. Tā hěn niánqīng.

그녀는 아직 결혼하지 않았어요. Tā hái méi jiéhūn.

이 아이는 당신의 손녀입니까? Zhè shì nín de sūnnǚ ma?

나의 아들은 올해 유치원에 들어갑니다. Wǒ érzi jīnnián kāishǐ shàng yòu'éryuán.

나의 딸은 초등학교에 다닙니다. Wǒ de nǚ'ér shàng xiǎoxué.

누가 더 나이가 많죠? Shéi gèng dà?

그녀는 나의 작은딸입니다. Tā shì wǒ de xiǎo nǚ'ér.

내가 그보다 나이가 많아요. Wǒ bǐ tā dà.

나의 아들이 당신 아들보다 어려요. Wǒ érzi bǐ nǐ de érzi xiǎo.

그분은 건강하신가요? Tā shēntǐ hǎo ma?

당신은 저 남자를 아십니까? Nǐ rènshi nà ge rén ma?

그는 나의 대학 동창입니다. Tā shì wǒ dàxué tóngxué.

나의 고향은 서울입니다. Wǒ de lǎojiā zài Shǒu'ěr.

그녀는 어느 부서에서 근무합니까? Tā zài nǎ ge bùmén gōngzuò?

회화 전체
들어보기
MP3 073-096

회화 전체
말해보기
MP3 073-096

꼭 필요한 바로이것
배우기, 취미

 일단 듣기
 회화 듣기

내 머릿속 지우개는 NO!
효과 100% 절대 암기법

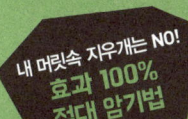

일단 듣기 → 쓰면서 자동 암기 → 회화연습

꼭 필요한 바로 이것
배우기, 취미

MP3 097-120

> 기초회화   STEP 1 일단 듣기

당신은 중국에서 뭘 공부하십니까?
你在中国学什么?
Nǐ zài Zhōngguó xué shénme?

097

중국어 배우기 어떻습니까?
学汉语怎么样?
Xué Hànyǔ zěnmeyàng?

098

중국어 공부는 재미있습니까?
学汉语有意思吗?
Xué Hànyǔ yǒu yìsi ma?

099

나는 중국어가 어렵다고 생각합니다.
我觉得汉语很难。
Wǒ juéde Hànyǔ hěn nán.

100

*觉得는 자신의 생각이나 느낌을 말할 때 쓰는 동사입니다.

MP3 097-120

STEP 2 병음 2번, 중국어 3번 쓰기　　STEP 3 말하기

Nǐ zài Zhōngguó xué shénme?

你在中国学什么？

Xué Hànyǔ zěnmeyàng?

学汉语怎么样？

Xué Hànyǔ yǒu yìsi ma?

学汉语有意思吗？

Wǒ juéde Hànyǔ hěn nán.

我觉得汉语很难。

기초회화 　　　　　　　　　　　　STEP 1 일단 듣기

좋아하는 과목은 무엇입니까?
你喜欢的功课是什么？
Nǐ xǐhuan de gōngkè shì shénme?

101

내가 가장 싫어하는 건 수학입니다.
我最讨厌的是数学。
Wǒ zuì tǎoyàn de shì shùxué.

102

*最는 '가장'의 뜻을 가진 부사로서 최상급을 나타냅니다.

주말에 주로 뭘 하세요?
周末你常常做什么？
Zhōumò nǐ chángcháng zuò shénme?

103

*常常은 经常(jīngcháng)과 같은 뜻입니다.

나는 주로 영화를 보고, 독서를 합니다.
我常常看电影、看书。
Wǒ chángcháng kàn diànyǐng, kàn shū.

104

꼭 필요한 바로 이것
배우기, 취미

> **STEP 2** 병음 2번, 중국어 3번 쓰기   **STEP 3** 말하기

✎ Nǐ xǐhuan de gōngkè shì shénme?

✎ 你喜欢的功课是什么？

✎ Wǒ zuì tǎoyàn de shì shùxué.

✎ 我最讨厌的是数学。

✎ Zhōumò nǐ chángcháng zuò shénme?

✎ 周末你常常做什么？

✎ Wǒ chángcháng kàn diànyǐng, kàn shū.

✎ 我常常看电影、看书。

77

기초회화   STEP 1 일단 듣기

나는 운동을 좋아합니다.
我喜欢运动。
Wǒ xǐhuān yùndòng.

🎧 105

내가 가장 좋아하는 것은 바로 농구 경기입니다.
我最喜欢的就是打篮球。
Wǒ zuì xǐhuan de jiù shì dǎ lánqiú.

🎧 106

*'(구기 종목을) 하다'라고 할 때 동사 打를 씁니다.

나는 등산 가는 걸 좋아합니다.
我喜欢去爬山。
Wǒ xǐhuan qù páshān.

🎧 107

*'去+동사'는 '~하러 가다'라는 의미로 쓰입니다.

우리 같이 갑시다!
你跟我一起去吧!
Nǐ gēn wǒ yìqǐ qù ba!

🎧 108

꼭 필요한 바로 이것
배우기, 취미

> **STEP 2** 병음 2번, 중국어 3번 쓰기　　　　**STEP 3** 말하기

Wǒ xǐhuān yùndòng.

我喜欢运动。

Wǒ zuì xǐhuan de jiù shì dǎ lánqiú.

我最喜欢的就是打篮球。

Wǒ xǐhuan qù páshān.

我喜欢去爬山。

Nǐ gēn wǒ yìqǐ qù ba!

你跟我一起去吧!

기초회화　　　　　　　　　　　　STEP 1 일단 듣기

주말에 나는 여행 갑니다.
周末我去旅游。
Zhōumò wǒ qù lǚyóu.

109

난 집에서 좀 쉬고 싶어요.
我想在家休息休息。
Wǒ xiǎng zài jiā xiūxi xiūxi.

110

*동사(休息)를 중첩하면 '(가볍게) 좀 해보다'의 의미가 됩니다.

수영할 줄 알아요?
你会游泳吗？
Nǐ huì yóuyǒng ma?

111

*会는 조동사로 '(배워서) 할 수 있다'의 의미입니다.

배우고 싶어요.
我很想学。
Wǒ hěn xiǎng xué.

112

*想은 조동사로 '~하고 싶다'의 의미입니다.

꼭 필요한 바로 이것
배우기, 취미

STEP 2 병음 2번, 중국어 3번 쓰기   STEP 3 말하기

Zhōumò wǒ qù lǚyóu.

周末我去旅游。

Wǒ xiǎng zài jiā xiūxi xiūxi.

我想在家休息休息。

Nǐ huì yóuyǒng ma?

你会游泳吗？

Wǒ hěn xiǎng xué.

我很想学。

기초회화

STEP 1 일단 듣기

내가 가르쳐 줄게요.
我教你吧。
Wǒ jiāo nǐ ba.

113

어떤 때는 TV를 보고, 어떤 때는 음악을 듣습니다.
有时看电视, 有时听音乐。
Yǒushí kàn diànshì, yǒushí tīng yīnyuè.

114

*有时는 有的时候의 줄임말로 이때 有는 '있다'라는 뜻이 아니라 불특정 사물 혹은 대상을 가리키는 말입니다.

당신은 게임을 하나요?
你玩儿游戏吗?
Nǐ wánr yóuxì ma?

115

당신의 18번 노래는 뭐예요?
你最拿手的歌是什么?
Nǐ zuì náshǒu de gē shì shénme?

116

*拿手는 '(어떤 기술에) 자신있다'라는 뜻입니다.

꼭 필요한 바로 이것
배우기, 취미

> **STEP 2** 병음 2번, 중국어 3번 쓰기   **STEP 3** 말하기

✎ Wǒ jiāo nǐ ba.

✎ 我教你吧。

✎ Yǒushí kàn diànshì, yǒushí tīng yīnyuè.

✎ 有时看电视, 有时听音乐。

✎ Nǐ wánr yóuxì ma?

✎ 你玩儿游戏吗?

✎ Nǐ zuì náshǒu de gē shì shénme?

✎ 你最拿手的歌是什么?

기초회화

> **STEP 1 일단 듣기**

나는 노래방에 자주 가요.
我经常去卡拉OK。
Wǒ jīngcháng qù kǎlā OK.

117

＊卡拉OK는 일본어 '가라오케'를 음역한 것입니다.

당신은 그의 팬입니까?
你是他的粉丝吗?
Nǐ shì tā de fěnsī ma?

118

＊粉丝는 영어 'fans'를 음역한 것입니다.

주말에 모임이 있어요.
周末有晚会。
Zhōumò yǒu wǎnhuì.

119

오늘 즐거웠어요.
今天很愉快。
Jīntiān hěn yúkuài.

120

꼭 필요한 바로 이것
배우기, 취미

STEP 2 병음 2번, 중국어 3번 쓰기   STEP 3 말하기

Wǒ jīngcháng qù kǎlā OK.

我经常去卡拉 OK。

Nǐ shì tā de fěnsī ma?

你是他的粉丝吗？

Zhōumò yǒu wǎnhuì.

周末有晚会。

Jīntiān hěn yúkuài.

今天很愉快。

방금 외운 문장, 확인하고 넘어가자!

이 말, 중국어로는 뭐라고 할까요? 다시 한 번 쓰면서 말해 보세요.

당신은 중국에서 뭘 공부하십니까? Nǐ zài Zhōngguó xué shénme?

중국어 배우기 어떻습니까? Xué Hànyǔ zěnmeyàng?

중국어 공부는 재미있습니까? Xué Hànyǔ yǒu yìsi ma?

나는 중국어가 어렵다고 생각합니다. Wǒ juéde Hànyǔ hěn nán.

좋아하는 과목은 무엇입니까? Nǐ xǐhuan de gōngkè shì shénme?

내가 가장 싫어하는 건 수학입니다. Wǒ zuì tǎoyàn de shì shùxué.

주말에 주로 뭘 하세요? Zhōumò nǐ chángcháng zuò shénme?

나는 주로 영화를 보고, 독서를 합니다. Wǒ chángcháng kàn diànyǐng, kàn shū.

나는 운동을 좋아합니다. Wǒ xǐhuān yùndòng.

내가 가장 좋아하는 것은 바로 농구 경기입니다. Wǒ zuì xǐhuan de jiù shì dǎ lánqiú.

나는 등산 가는 걸 좋아합니다. Wǒ xǐhuan qù páshān.

우리 같이 갑시다! Nǐ gēn wǒ yìqǐ qù ba!

주말에 나는 여행 갑니다. Zhōumò wǒ qù lǚyóu.

난 집에서 좀 쉬고 싶어요. Wǒ xiǎng zài jiā xiūxi xiūxi.

수영할 줄 알아요? Nǐ huì yóuyǒng ma?

배우고 싶어요. Wǒ hěn xiǎng xué.

내가 가르쳐 줄게요. Wǒ jiāo nǐ ba.

어떤 때는 TV를 보고, 어떤 때는 음악을 듣습니다. Yǒushí kàn diànshì, yǒushí tīng yīnyuè.

당신은 게임을 하나요? Nǐ wánr yóuxì ma?

당신의 18번 노래는 뭐예요? Nǐ zuì náshǒu de gē shì shénme?

저는 노래방에 자주 가요. Wǒ jīngcháng qù kǎlā OK.

당신은 그의 팬입니까? Nǐ shì tā de fěnsī ma?

주말에 모임이 있어요. Zhōumò yǒu wǎnhuì.

오늘 즐거웠어요. Jīntiān hěn yúkuài.

오늘은 내가 쏠게
음식점, 요리

오늘은 내가 쏠게
음식점, 요리

기초회화　　　　　　　　　　　　　STEP 1 일단 듣기

이것은 맛있습니다.
这个很好吃。
Zhè ge hěn hǎochī.

🎧 **121**

먹고 싶으세요?
你想不想吃?
Nǐ xiǎng bu xiǎng chī?

🎧 **122**

뭘 먹고 싶으세요?
你想吃什么?
Nǐ xiǎng chī shénme?

🎧 **123**

나는 중국 만두가 먹고 싶어요.
我想吃中国饺子。
Wǒ xiǎng chī Zhōngguó jiǎozi.

🎧 **124**

STEP 2 병음 2번, 중국어 3번 쓰기　　　STEP 3 말하기

✏️ Zhè ge hěn hǎochī.

✏️ 这个很好吃。

✏️ Nǐ xiǎng bu xiǎng chī?

✏️ 你想不想吃？

✏️ Nǐ xiǎng chī shénme?

✏️ 你想吃什么？

✏️ Wǒ xiǎng chī Zhōngguó jiǎozi.

✏️ 我想吃中国饺子。

기초회화　　　　　　　　　　　　　　STEP 1 일단 듣기

나는 아직 훠궈를 못 먹어봤어요.
我还没吃过火锅。
Wǒ hái méi chīguo huǒguō.

*过는 동사 뒤에 쓰여 '~한 적이 있다'라는 의미를 나타냅니다.

북경 오리구이가 유명합니다.
北京烤鸭很有名。
Běijīng kǎoyā hěn yǒumíng.

당신들 뭘 마시겠어요?
你们要喝什么?
Nǐmen yào hē shénme?

나는 콜라 마실래요.
我喝可乐。
Wǒ hē kělè.

오늘은 내가 쏠게
음식점, 요리

> **STEP 2** 병음 2번, 중국어 3번 쓰기   **STEP 3** 말하기

Wǒ hái méi chīguo huǒguō.

我还没吃过火锅。

Běijīng kǎoyā hěn yǒumíng.

北京烤鸭很有名。

Nǐmen yào hē shénme?

你们要喝什么?

Wǒ hē kělè.

我喝可乐。

기초회화　　　　　　　STEP 1 일단 듣기

우리 뭐 좀 더 마십시다!
我们再喝点儿东西吧！
Wǒmen zài hē diǎnr dōngxi ba!

🎧 **129**

*东西는 '것, 물건' 등의 의미를 가지는 단어로, 여기서는 음료수를 말합니다.

나는 술을 못 마셔요.
我不会喝酒。
Wǒ bú huì hē jiǔ.

🎧 **130**

나는 맥주 마실 거예요.
我要喝啤酒。
Wǒ yào hē píjiǔ.

🎧 **131**

당신은 커피 마시는 거 좋아합니까?
你喜欢喝咖啡吗？
Nǐ xǐhuan hē kāfēi ma?

🎧 **132**

오늘은 내가 쏠게
음식점, 요리

> **STEP 2** 병음 2번, 중국어 3번 쓰기

> **STEP 3** 말하기

✎ Wǒmen zài hē diǎnr dōngxi ba!

✎ 我们再喝点儿东西吧!

✎ Wǒ bú huì hē jiǔ.

✎ 我不会喝酒。

✎ Wǒ yào hē píjiǔ.

✎ 我要喝啤酒。

✎ Nǐ xǐhuan hē kāfēi ma?

✎ 你喜欢喝咖啡吗?

기초회화 　　　　　　　　　　　　　STEP 1 일단 듣기

그녀는 차 마시는 걸 매우 좋아합니다.
她特别喜欢喝茶。
Tā tèbié xǐhuan hē chá.

133

우리 나가서 외식합시다!
咱们出去吃饭吧!
Zánmen chūqu chī fàn ba!

134

*咱们은 말하는 상대와 듣는 상대를 모두 포함할 때 쓰이는 '우리'로서, 我们과 구분됩니다.

나 배고파 죽겠어요.
我饿死了。
Wǒ èsǐ le.

135

빨리 밥 합시다!
快点儿做饭吧!
Kuài diǎnr zuò fàn ba!

136

음식점, 요리

STEP 2 병음 2번, 중국어 3번 쓰기   STEP 3 말하기

✎ Tā tèbié xǐhuan hē chá.

✎ 她特别喜欢喝茶。

✎ Zánmen chūqu chī fàn ba!

✎ 咱们出去吃饭吧!

✎ Wǒ èsǐ le.

✎ 我饿死了。

✎ Kuài diǎnr zuò fàn ba!

✎ 快点儿做饭吧!

기초회화

> **STEP 1 일단 듣기**

이거 모두 당신이 만든 거예요?
这都是你做的？
Zhè dōu shì nǐ zuò de?

137

＊원래는 吗를 써서 의문문을 만들어야 하지만, 회화에서는 평서문의 말 끝을 올려서 의문을 나타내기도 합니다.

나는 매운 거 좋아해요.
我喜欢吃辣的。
Wǒ xǐhuan chī là de.

138

나는 지금 다이어트 중이에요.
我在减肥。
Wǒ zài jiǎnféi.

139

＊在는 현재 진행을 나타내는 부사입니다.

당신이 사는 거지요?/당신이 한턱내는 거지요?
你请我吗？
Nǐ qǐng wǒ ma?

140

오늘은 내가 쏠게
음식점, 요리

> **STEP 2** 병음 2번, 중국어 3번 쓰기   **STEP 3** 말하기

✎ Zhè dōu shì nǐ zuò de?

✎ 这都是你做的？

✎ Wǒ xǐhuan chī là de.

✎ 我喜欢吃辣的。

✎ Wǒ zài jiǎnféi.

✎ 我在减肥。

✎ Nǐ qǐng wǒ ma?

✎ 你请我吗？

기초회화   STEP 1 일단 듣기

나는 한 군데를 압니다.
我知道一家。
Wǒ zhīdao yì jiā.

141

＊家는 회사, 상점 등을 세는 양사입니다.

맛 좀 보세요.
你尝尝。
Nǐ chángchang.

142

여기 케이크가 있나요?
你们有没有蛋糕?
Nǐmen yǒu méi you dàngāo?

143

가지고 갈 거예요.
我要带走。
Wǒ yào dàizǒu.

144

오늘은 내가 쏠게 음식점, 요리

STEP 2 병음 2번, 중국어 3번 쓰기　　STEP 3 말하기

Wǒ zhīdao yì jiā.

我知道一家。

Nǐ chángchang.

你尝尝。

Nǐmen yǒu méi you dàngāo?

你们有没有蛋糕?

Wǒ yào dàizǒu.

我要带走。

방금 외운 문장, 확인하고 넘어가자!

이 말, 중국어로는 뭐라고 할까요? 다시 한 번 쓰면서 말해 보세요.

이것은 맛있습니다. Zhè ge hěn hǎochī.

먹고 싶으세요? Nǐ xiǎng bu xiǎng chī?

뭘 먹고 싶으세요? Nǐ xiǎng chī shénme?

나는 중국 만두가 먹고 싶어요. Wǒ xiǎng chī Zhōngguó jiǎozi.

나는 아직 훠궈를 못 먹어봤어요. Wǒ hái méi chīguo huǒguō.

북경 오리구이가 유명합니다. Běijīng kǎoyā hěn yǒumíng.

당신들 뭘 마시겠어요? Nǐmen yào hē shénme?

나는 콜라 마실래요. Wǒ hē kělè.

우리 뭐 좀 더 마십시다! Wǒmen zài hē diǎnr dōngxi ba!

나는 술을 못 마셔요. Wǒ bú huì hē jiǔ.

나는 맥주 마실 거예요. Wǒ yào hē píjiǔ.

당신은 커피 마시는 거 좋아합니까? Nǐ xǐhuan hē kāfēi ma?

그녀는 차 마시는 걸 매우 좋아합니다. Tā tèbié xǐhuan hē chá.

우리 나가서 외식합시다! Zánmen chūqu chī fàn ba!

나 배고파 죽겠어요. Wǒ èsǐ le.

빨리 밥 합시다! Kuài diǎnr zuò fàn ba!

이거 모두 당신이 만든 거예요? Zhè dōu shì nǐ zuò de?

✏️

나는 매운 거 좋아해요. Wǒ xǐhuan chī là de.

✏️

나는 지금 다이어트 중이에요. Wǒ zài jiǎnféi.

✏️

당신이 사는 거지요?/당신이 한턱내는 거지요? Nǐ qǐng wǒ ma?

✏️

나는 한 군데를 압니다. Wǒ zhīdao yì jiā.

✏️

맛 좀 보세요. Nǐ chángchang.

✏️

여기 케이크가 있나요? Nǐmen yǒu méi you dàngāo?

✏️

가지고 갈 거예요. Wǒ yào dàizǒu.

✏️

회화 전체 들어보기
🎧 MP3 121-144

회화 전체 말해보기
🎧 MP3 121-144

내 마음을 알아줘
감정, 느낌

일단 듣기

회화 듣기

일단 듣기 →

쓰면서 자동 암기 →

회화연습

내 마음을 알아줘
감정, 느낌

MP3 145-168

기초회화　　　　　　　　　　　STEP 1 일단 듣기

저것은 그다지 좋지 않아요.
那个不太好。
Nà ge bú tài hǎo.

145

모르겠어요.
不知道。
Bù zhīdao.

146

확실치 않아요.
不太清楚。
Bú tài qīngchu.

147

정말 미치겠어요!
真急人!
Zhēn jí rén!

＊急는 '조급하다', '안달하다'의 뜻입니다.

148

STEP 2 병음 2번, 중국어 3번 쓰기　　STEP 3 말하기

✎ Nà ge bú tài hǎo.

✎ 那个不太好。

✎ Bù zhīdao.

✎ 不知道。

✎ Bú tài qīngchu.

✎ 不太清楚。

✎ Zhēn jí rén!

✎ 真急人!

기초회화　　　　　　　　　　　STEP 1 일단 듣기

당연히 좋아합니다.
当然喜欢。
Dāngrán xǐhuan.

149

정말 지겨워 죽겠어요.
真烦死了。
Zhēn fánsǐ le.

150

피곤해 죽겠어요.
累死了。
Lèisǐ le.

151

* '~死了'는 우리말의 '~해 죽겠다'와 같은 표현입니다.

그는 당신을 사랑해요.
他爱你。
Tā ài nǐ.

152

내 마음을 알아줘
감정, 느낌

STEP 2 병음 2번, 중국어 3번 쓰기   **STEP 3** 말하기

✎ Dāngrán xǐhuan.

✎ 当然喜欢。

✎ Zhēn fánsǐ le.

✎ 真烦死了。

✎ Lèisǐ le.

✎ 累死了。

✎ Tā ài nǐ.

✎ 他爱你。

기초회화　　　　　　　　　　　　STEP 1 일단 듣기

나는 당신을 그리워하고 있어요.
我想着你。
Wǒ xiǎngzhe nǐ.

153

*着는 동사 뒤에서 지속의 의미를 나타냅니다.

정말 귀여워요!
真可爱!
Zhēn kě'ài

154

재밌어요.
很有意思。
Hěn yǒu yìsi.

155

와, 정말 멋져요!
哇, 真酷!
Wā, zhēn kù!

156

내 마음을 알아줘
감정, 느낌

> **STEP 2** 병음 2번, 중국어 3번 쓰기

> **STEP 3** 말하기

✏️ Wǒ xiǎngzhe nǐ.

✏️ 我想着你。

✏️ Zhēn kě'ài

✏️ 真可爱!

✏️ Hěn yǒu yìsi.

✏️ 很有意思。

✏️ Wā, zhēn kù!

✏️ 哇, 真酷!

111

기초회화 　　　　　　　　　　　　　　STEP 1 일단 듣기

화내지 마세요.
你别生气。
Nǐ bié shēngqì.

157

아주 좋아요.
挺好的。
Tǐng hǎo de.

158

진짜 좋아요.
太爽了。
Tài shuǎng le.

159

당신이 부러워요.
羡慕你啊。
Xiànmù nǐ a.

160

내 마음을 알아줘
감정, 느낌

STEP 2 병음 2번, 중국어 3번 쓰기   STEP 3 말하기

✏️ Nǐ bié shēngqì.

✏️ 你别生气。

✏️ Tǐng hǎo de.

✏️ 挺好的。

✏️ Tài shuǎng le.

✏️ 太爽了。

✏️ Xiànmù nǐ a.

✏️ 羡慕你啊。

기초회화

> **STEP 1** 일단 듣기

꿈 깨세요!
想得美！
Xiǎng de měi!

🎧 **161**

깜짝 놀랐어요.
吓死我了。
Xiàsǐ wǒ le.

 **162**

미워요!
讨厌！
Tǎoyàn!

 **163**

말도 마세요.
别提了。
Bié tí le.

 **164**

내 마음을 알아줘
감정, 느낌

> **STEP 2** 병음 2번, 중국어 3번 쓰기   **STEP 3** 말하기

Xiǎng de měi!

想得美!

Xiàsǐ wǒ le.

吓死我了。

Tǎoyàn!

讨厌!

Bié tí le.

别提了。

기초회화　　　　　　　　　STEP 1 일단 듣기

조급해 마세요.
别着急。
Bié zháojí.

🎧 165

무서워하지 마세요.
别害怕。
Bié hàipà.

🎧 166

기쁘기 그지없습니다.
高兴极了。
Gāoxìng jí le.

🎧 167

＊极了는 형용사 뒤에서 '매우'라는 의미를 가집니다.

축하해요.
恭喜恭喜。
Gōngxǐ gōngxǐ.

🎧 168

내 마음을 알아줘
감정, 느낌

> **STEP 2** 병음 2번, 중국어 3번 쓰기

> **STEP 3** 말하기

Bié zháojí.

别着急。

Bié hàipà.

别害怕。

Gāoxìng jí le.

高兴极了。

Gōngxǐ gōngxǐ.

恭喜恭喜。

방금 외운 문장, 확인하고 넘어가자!

이 말, 중국어로는 뭐라고 할까요? 다시 한 번 쓰면서 말해 보세요.

저것은 그다지 좋지 않아요. Nà ge bú tài hǎo.

모르겠어요. Bù zhīdao.

확실치 않아요. Bú tài qīngchu.

정말 미치겠어요! Zhēn jí rén!

당연히 좋아합니다. Dāngrán xǐhuan.

정말 지겨워 죽겠어요. Zhēn fánsǐ le.

피곤해 죽겠어요. Lèisǐ le.

그는 당신을 사랑해요. Tā ài nǐ.

나는 당신을 그리워하고 있어요. Wǒ xiǎngzhe nǐ.

정말 귀여워요! Zhēn kě'ài!

재밌어요. Hěn yǒu yìsi.

와, 정말 멋져요! Wā, zhēn kù!

화내지 마. Nǐ bié shēngqì.

아주 좋아요. Tǐng hǎo de.

진짜 좋아요. Tài shuǎng le.

당신이 부러워요. Xiànmù nǐ a.

꿈 깨세요! Xiǎng de měi!

🖉

깜짝 놀랐어요. Xiàsǐ wǒ le.

🖉

미워요! Tǎoyàn!

🖉

말도 마세요. Bié tí le.

🖉

조급해 마세요. Bié zháojí.

🖉

무서워하지 마세요. Bié hàipà.

🖉

기쁘기 그지없습니다. Gāoxìng jí le.

🖉

축하해요. Gōngxǐ gōngxǐ.

🖉

오늘도 칼퇴 기원
시간, 일과

일단 듣기

회화 듣기

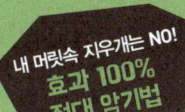
내 머릿속 지우개는 NO!
효과 100%
절대 암기법

일단 듣기 → 쓰면서 자동 암기 → 회화연습

오늘도 칼퇴 기원
시간, 일과

MP3 169-192

기초회화　　　　　　　　　　　　**STEP 1** 일단 듣기

지금 몇 시죠?
现在几点?
Xiànzài jǐ diǎn?

169

두 시 15분 전입니다.
差十五分两点。
Chà shíwǔ fēn liǎng diǎn.

170

1시 45분이에요.
一点三刻。
Yī diǎn sān kè.

171

＊一刻는 15분입니다.

9시 반이 됐어요.
九点半了。
Jiǔ diǎn bàn le.

172

＊两刻라고는 쓰지 않으며 30분은 半으로 표현합니다.

STEP 2 병음 2번, 중국어 3번 쓰기 ## STEP 3 말하기

✎ Xiànzài jǐ diǎn?

✎ 现在几点?

✎ Chà shíwǔ fēn liǎng diǎn.

✎ 差十五分两点。

✎ Yī diǎn sān kè.

✎ 一点三刻。

✎ Jiǔ diǎn bàn le.

✎ 九点半了。

기초회화　　　　　　　　　　　STEP 1 일단 듣기

일이 있으세요?
你有事儿吗?
Nǐ yǒu shìr ma?

173

오늘 오후 8시에 친구를 만나요.
今天下午八点我跟朋友见面。
Jīntiān xiàwǔ bā diǎn wǒ gēn péngyou jiànmiàn.

174

당신은 어디에서 왕 사장님을 만나세요?
你在什么地方见王经理?
Nǐ zài shénme dìfang jiàn Wáng jīnglǐ?

175

언제 돌아오세요?
你什么时候回来?
Nǐ shénme shíhou huílai?

176

오늘도 칼퇴 기원
시간, 일과

> **STEP 2** 병음 2번, 중국어 3번 쓰기   **STEP 3** 말하기

✎ Nǐ yǒu shìr ma?

✎ 你有事儿吗？

✎ Jīntiān xiàwǔ bā diǎn wǒ gēn péngyou jiànmiàn.

✎ 今天下午八点我跟朋友见面。

✎ Nǐ zài shénme dìfang jiàn Wáng jīnglǐ?

✎ 你在什么地方见王经理？

✎ Nǐ shénme shíhou huílai?

✎ 你什么时候回来？

기초회화

> **STEP 1** 일단 듣기

내가 당신에게 전화할게요.
我给你打电话。
Wǒ gěi nǐ dǎ diànhuà.

* '(전화를) 걸다'를 표현할 때 동사 打를 씁니다.

당신은 몇 시에 일어납니까?
你几点起床?
Nǐ jǐ diǎn qǐchuáng?

나는 매일 아침 6시에 일어납니다.
我每天早上六点起床。
Wǒ měitiān zǎoshang liù diǎn qǐchuáng.

7시 반에 출근을 하고, 8시에 회사에 도착합니다.
七点半去上班, 八点到公司。
Qī diǎn bàn qù shàngbān, bā diǎn dào gōngsī.

오늘도 칼퇴 기원
시간, 일과

STEP 2 병음 2번, 중국어 3번 쓰기   STEP 3 말하기

🖊 Wǒ gěi nǐ dǎ diànhuà.

🖊 我给你打电话。

🖊 Nǐ jǐ diǎn qǐchuáng?

🖊 你几点起床?

🖊 Wǒ měitiān zǎoshang liù diǎn qǐchuáng.

🖊 我每天早上六点起床。

🖊 Qī diǎn bàn qù shàngbān, bā diǎn dào gōngsī.

🖊 七点半去上班，八点到公司。

기초회화　　　　　　　　　　　　　　　　STEP 1 일단 듣기

12시에 점심 식사를 합니다.
中午十二点吃午饭。
Zhōngwǔ shí'èr diǎn chī wǔfàn.

181

＊아침 식사는 早饭, 저녁 식사는 晚饭입니다.

나는 보통 10시에 잡니다.
我一般十点睡觉。
Wǒ yìbān shí diǎn shuìjiào.

182

내가 늦었습니다.
我迟到了。
Wǒ chídào le.

183

오늘은 몇 월 며칠입니까?
今天几月几号?
Jīntiān jǐ yuè jǐ hào?

184

시간, 일과

STEP 2 병음 2번, 중국어 3번 쓰기　　　　STEP 3 말하기

✏ Zhōngwǔ shí'èr diǎn chī wǔfàn.

✏ 中午十二点吃午饭。

✏ Wǒ yìbān shí diǎn shuìjiào.

✏ 我一般十点睡觉。

✏ Wǒ chídào le.

✏ 我迟到了。

✏ Jīntiān jǐ yuè jǐ hào?

✏ 今天几月几号？

기초회화

STEP 1 일단 듣기

오늘은 2월 16일입니다.
今天二月十六号。
Jīntiān èr yuè shíliù hào.

185

그저께는 무슨 요일이었습니까?
前天星期几?
Qiántiān xīngqī jǐ?

186

*星期 대신에 礼拜(lǐbài)를 쓰기도 합니다.

모레는 일요일입니다.
后天星期天。
Hòutiān xīngqītiān.

187

*일요일은 星期天 혹은 星期日로 표현합니다.

내일은 토요일이죠?
明天星期六吧?
Míngtiān xīngqīliù ba?

188

시간, 일과

STEP 2 병음 2번, 중국어 3번 쓰기

✎ Jīntiān èr yuè shíliù hào.

✎ 今天二月十六号。

✎ Qiántiān xīngqī jǐ?

✎ 前天星期几？

✎ Hòutiān xīngqītiān.

✎ 后天星期天。

✎ Míngtiān xīngqīliù ba?

✎ 明天星期六吧？

STEP 3 말하기

기초회화 　　　　　　　　　　　　　　STEP 1 일단 듣기

3일 후에 나는 귀국합니다.
三天后我要回国。
Sān tiān hòu wǒ yào huíguó.

189

다음 주 금요일은 미스터 왕의 생일입니다.
下个星期五是王先生的生日。
Xià ge xīngqīwǔ shì Wáng xiānsheng de shēngrì.

190

제 생일 파티에 오셔야 돼요!
我的生日晚会你要来啊!
Wǒ de shēngrì wǎnhuì nǐ yào lái a!

191

꼭 갈게요.
我一定去。
wǒ yídìng qù.

192

시간, 일과

STEP 2 병음 2번, 중국어 3번 쓰기 STEP 3 말하기

Sān tiān hòu wǒ yào huíguó.

三天后我要回国。

Xià ge xīngqīwǔ shì Wáng xiānsheng de shēngrì.

下个星期五是王先生的生日。

Wǒ de shēngrì wǎnhuì nǐ yào lái a!

我的生日晚会你要来啊!

wǒ yídìng qù.

我一定去。

방금 외운 문장, 확인하고 넘어가자!

이 말, 중국어로는 뭐라고 할까요? 다시 한 번 쓰면서 말해 보세요.

지금 몇 시죠? Xiànzài jǐ diǎn?

두 시 15분 전입니다. Chà shíwǔ fēn liǎng diǎn.

1시 45분이에요. Yī diǎn sān kè.

9시 반이 됐어요. Jiǔ diǎn bàn le.

일이 있으세요? Nǐ yǒu shìr ma?

오늘 오후 8시에 친구를 만나요. Jīntiān xiàwǔ bā diǎn wǒ gēn péngyou jiànmiàn.

어디에서 왕 이사님을 만나세요? Nǐ zài shénme dìfang jiàn Wáng jīnglǐ?

언제 돌아오세요? Nǐ shénme shíhou huílai?

내가 당신에게 전화할게요.　Wǒ gěi nǐ dǎ diànhuà.

당신은 몇 시에 일어납니까?　Nǐ jǐ diǎn qǐchuáng?

나는 매일 아침 6시에 일어납니다.　Wǒ měitiān zǎoshang liù diǎn qǐchuáng.

7시 반에 출근을 하고, 8시에 회사에 도착합니다.　Qī diǎn bàn qù shàngbān, bā diǎn dào gōngsī.

12시에 점심 식사를 합니다.　Zhōngwǔ shí'èr diǎn chī wǔfàn.

나는 보통 10시에 잡니다.　Wǒ yìbān shí diǎn shuìjiào.

내가 늦었습니다.　Wǒ chídào le.

오늘은 몇 월 며칠입니까?　Jīntiān jǐ yuè jǐ hào?

오늘은 2월 16일입니다. Jīntiān èr yuè shíliù hào.

그저께는 무슨 요일이었습니까? Qiántiān xīngqī jǐ?

모레는 일요일입니다. Hòutiān xīngqītiān.

내일은 토요일이죠? Míngtiān xīngqīliù ba?

3일 후에 나는 귀국합니다. Sān tiān hòu wǒ yào huíguó.

다음 주 금요일은 미스터 왕의 생일입니다. Xià ge xīngqīwǔ shì Wáng xiānsheng de shēngrì.

제 생일 파티에 오셔야 돼요! Wǒ de shēngrì wǎnhuì nǐ yào lái a!

꼭 갈게요. Wǒ yídìng qù.

아이쇼핑도 즐거워
쇼핑

일단 듣기

회화 듣기

내 머릿속 지우개는 NO!
효과 100%
절대 암기법

일단 듣기 → 쓰면서 자동 암기 → 회화연습

아이쇼핑도 즐거워
쇼핑

MP3 193-216

기초회화　　　　　　　　　　**STEP 1 일단 듣기**

어느 것이 비쌉니까?
哪个贵?
Nǎ ge guì?

193

이것은 굉장히 쌉니다.
这个非常便宜。
Zhè ge fēicháng piányi.

194

너무 비싸요.
太贵了。
Tài guì le.

195

이 옷은 예쁩니까?
这件衣服好看吗?
Zhè jiàn yīfu hǎokàn ma?

196

STEP 2 병음 2번, 중국어 3번 쓰기

STEP 3 말하기

✎ Nǎ ge guì?

✎ 多少钱?

✎ Zhè ge fēicháng piányi.

✎ 这个非常便宜。

✎ Tài guì le.

✎ 太贵了。

✎ Zhè jiàn yīfu hǎokàn ma?

✎ 这件衣服好看吗?

기초회화　　　　　　　　　STEP 1 일단 듣기

얼마입니까?
多少钱?
Duōshao qián?

197

어서 오세요.
欢迎光临。
Huānyíng guānglín.

198

뭐 필요하세요?
你要什么?
Nǐ yào shénme?

199

한 근에 얼마입니까?
多少钱一斤?
Duōshao qián yì jīn?

200

*중국에서는 과일, 채소 등을 개수가 아닌 근 단위로 사고 팝니다.

아이쇼핑도 즐거워
쇼핑

STEP 2 병음 2번, 중국어 3번 쓰기

STEP 3 말하기

✎ Duōshao qián?

✎ 您贵姓?

✎ Huānyíng guānglín.

✎ 欢迎光临。

✎ Nǐ yào shénme?

✎ 你要什么?

✎ Duōshao qián yì jīn?

✎ 多少钱一斤?

기초회화

> **STEP 1** 일단 듣기

한 근에 3위안입니다.
三块钱一斤。
Sān kuài qián yì jīn.

201

*중국의 화폐 단위는 元이고, 회화에서는 块를 많이 씁니다.

한 근에 4.50위안인데, 드릴까요?
四块五一斤, 要吗?
Sì kuài wǔ yì jīn, yào ma?

202

두 근 주세요.
给我两斤。
Gěi wǒ liǎng jīn.

203

이 빵은 얼마입니까?
这个面包多少钱?
Zhè ge miànbāo duōshao qián?

204

쇼핑

STEP 2 병음 2번, 중국어 3번 쓰기
STEP 3 말하기

Sān kuài qián yì jīn.

三块钱一斤。

Sì kuài wǔ yì jīn, yào ma?

四块五一斤, 要吗?

Gěi wǒ liǎng jīn.

给我两斤。

Zhè ge miànbāo duōshao qián?

这个面包多少钱?

기초회화　　　　　　　　　　　STEP 1 일단 듣기

몇 개 사시겠습니까?
你要买几个?
Nǐ yào mǎi jǐ ge?

205

*동사 要는 '원하다'라는 뜻입니다.

이게 당신의 남자친구가 사준 겁니까?
这是你男朋友给你买的吗?
Zhè shì nǐ nán péngyou gěi nǐ mǎi de ma?

206

다른 거 더 필요하신가요?
还要别的吗?
Hái yào biéde ma?

207

이쪽입니다.
这边请。
Zhèbiān qǐng.

208

아이쇼핑도 즐거워
쇼핑

STEP 2 병음 2번, 중국어 3번 쓰기　　　　STEP 3 말하기

✎ Nǐ yào mǎi jǐ ge?

✎ 你要买几个?

✎ Zhè shì nǐ nán péngyou gěi nǐ mǎi de ma?

✎ 这是你男朋友给你买的吗?

✎ Hái yào biéde ma?

✎ 还要别的吗?

✎ Zhèbiān qǐng.

✎ 这边请。

145

기초회화 STEP 1 일단 듣기

합해서 모두 얼마죠?
一共多少钱?
Yígòng duōshao qián?

209

오십 위안 여기 있어요.
给你五十。
Gěi nǐ wǔshí.

210

*给는 이중목적어를 갖는 동사입니다.

거스름돈 8위안입니다.
找你八块。
Zhǎo nǐ bā kuài.

211

*找는 이중목적어를 갖는 동사로, 여기서의 뜻은 '거슬러 주다' 입니다.

어떤 색을 좋아하세요?
你喜欢什么颜色?
Nǐ xǐhuan shénme yánsè?

212

*颜色는 '색깔' 이라는 의미입니다.

아이쇼핑도 즐거워
쇼핑

> **STEP 2** 병음 2번, 중국어 3번 쓰기

> **STEP 3** 말하기

✎ Yígòng duōshao qián?

✎ 一共多少钱？

✎ Gěi nǐ wǔshí.

✎ 给你五十。

✎ Zhǎo nǐ bā kuài.

✎ 找你八块。

✎ Nǐ xǐhuan shénme yánsè?

✎ 你喜欢什么颜色？

기초회화　　　　　　　　　STEP 1 일단 듣기

요즘 블랙이 유행입니다.
最近流行黑色。
Zuìjìn liúxíng hēisè.

213

입어보셔도 됩니다.
您可以试一试。
Nín kěyǐ shì yi shì.

214

＊可以는 조동사로서 '~해도 좋다'라는 뜻을 가지고 있습니다.

크기가 딱 맞네요.
大小正合适。
Dàxiǎo zhèng héshì.

215

＊형용사 大와 小가 합쳐져 '크기'라는 명사가 됩니다.

또 오세요!
欢迎再来！
Huānyíng zài lái!

216

아이쇼핑도 즐거워
쇼핑

> **STEP 2** 병음 2번, 중국어 3번 쓰기

> **STEP 3** 말하기

✎ Zuìjìn liúxíng hēisè.

✎ 最近流行黑色。

✎ Nín kěyǐ shì yi shì.

✎ 您可以试一试。

✎ Dàxiǎo zhèng héshì.

✎ 大小正合适。

✎ Huānyíng zài lái!

✎ 欢迎再来!

방금 외운 문장, 확인하고 넘어가자!

이 말, 중국어로는 뭐라고 할까요? 다시 한 번 쓰면서 말해 보세요.

어느 것이 비쌉니까? Nǎ ge guì?
🖉

이것은 굉장히 쌉니다. Zhè ge fēicháng piányi.
🖉

너무 비싸요. Tài guì le.
🖉

이 옷은 예쁩니까? Zhè jiàn yīfu hǎokàn ma?
🖉

얼마입니까? Duōshao qián?
🖉

어서 오세요. Huānyíng guānglín.
🖉

뭐 필요하세요? Nǐ yào shénme?
🖉

한 근에 얼마입니까? Duōshao qián yì jīn?
🖉

한 근에 3위안입니다. Sān kuài qián yì jīn.

✎

한 근에 4.50위안인데, 드릴까요? Sì kuài wǔ yì jīn, yào ma?

✎

두 근 주세요. Gěi wǒ liǎng jīn.

✎

이 빵은 얼마입니까? Zhè ge miànbāo duōshao qián?

✎

몇 개 사시겠습니까? Nǐ yào mǎi jǐ ge?

✎

이게 당신의 남자친구가 사준 겁니까? Zhè shì nǐ nán péngyou gěi nǐ mǎi de ma?

✎

다른 거 더 필요하신가요? Hái yào biéde ma?

✎

이쪽입니다. Zhèbiān qǐng.

✎

합해서 모두 얼마죠? Yígòng duōshao qián?

오십 위안 여기 있어요. Gěi nǐ wǔshí.

거스름돈 8위안입니다. Zhǎo nǐ bā kuài.

어떤 색을 좋아하세요? Nǐ xǐhuan shénme yánsè?

요즘 블랙이 유행입니다. Zuìjìn liúxíng hēisè.

입어보셔도 됩니다. Nín kěyǐ shì yi shì.

크기가 딱 맞네요. Dàxiǎo zhèng héshì.

또 오세요! Huānyíng zài lái!

필순까지 한 번에 익히는
기초 단어 간체자 쓰기

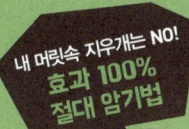
내 머릿속 지우개는 NO!
효과 100% 절대 암기법

일단 듣기 ➡ 쓰면서 자동 암기 ➡ 회화연습

阿
아첨할 아
7画 · 阝部

ā 친족 관계의 호칭 앞에 쓰임
阿姨 āyí 아주머니 / 阿爸 ābà 아버지

阿阿阿阿阿阿阿

啊
어조사 아
10画 · 口部

ā / á / ǎ / à / a 감탄에 쓰임
景色多美啊! Jǐngsè duō měi a! 경치가 너무 아름답다!

啊啊啊啊啊啊啊啊啊

爱 (愛)
사랑 애
10画 · 爫部

ài 좋아하다, 사랑하다
爱人 àiren 남편 또는 아내 / 爱好 àihào 취미

爱爱爱爱爱爱爱爱爱爱

安
편안할 안
6画 · 宀部

ān 안정되다, 편안하다
安全 ānquán 안전하다 / 安靜 ānjìng 조용하다, 고요하다

安安安安安安

八
여덟 팔
2画 · 八部

bā 여덟
八百 bābǎi 팔백/ 八宝 bābǎo 여덟 가지 보배

八八

爸
아비 파
8画 · 父部

bà 아빠
爸爸 bàba 아빠

爸爸爸爸爸爸爸爸

爸 爸

吧
어조사 파
7画 · 口部

bā / ba 술집(bar), 문장의 끝에서 명령·청구·추측을 나타냄
酒吧 jiǔbā 술집, 바(bar) / 好吧? Hǎo ba? 좋지?

吧吧吧吧吧吧吧

吧 吧

班
나눌 반
10画 · 王部

bān 반, 조, 근무
班级 bānjí 반, 학급, 클래스 / 上班 shàngbān 출근하다

班班班班班班班班班班

班 班

般
일반 반
10画 · 舟部

bān 종류, 가지
般配 bānpèi 서로 잘 어울리다, 격에 맞다 / 一般 yībān 일반적으로

般般般般般般般般般般

般 般

半
절반 반
5画 · 十部

bàn 절반
半天 bàntiān 반나절, 한참 동안 / 一半 yíbàn 절반

半半半半半

半 半

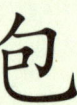
쌀 포
5画·勹部

bāo 싸다, 만두
包子 bāozi (소가 든) 만두 / 面包 miànbāo 빵

包包包包包

包 包

保
지킬 보
9画·亻部

bǎo 보존하다, 지키다
保护 bǎohù 보호하다 / 保证 bǎozhèng 약속하다, 보증하다

保保保保保保保保保

保 保

北
북녘 북
5画·匕部

běi 북쪽
北方 běifāng 북쪽 / 北京 Běijīng 베이징, 북경

北北北北北

北 北

比
견줄 비
4画·比部

bǐ 비교하다, 겨루다
比较 bǐjiào 비교하다, 비교적 / 比赛 bǐsài 시합(하다), 경기(하다)

比比比比

比 比

边
(邊)
가 변
5画·辶部

biān 주위, 가장자리
边境 biānjìng 국경 / 海边 hǎibiān 해변, 바닷가

边边边边边

边 边

156

便
편할 편
9画 · 亻部

biàn / pián 편리하다, 싸다
便利 biànlì 편리하다 / 便宜 piányi 싸다, 저렴하다

便便便便便便便便便

別
다를 별
7画 · 刂部

bié 다르다, 이별하다, ~하지 마라
別的 biéde 다른 것 / 別说 biéshuō ~은 말할 필요도 없이

別別別別別別別

不
아니 부·불
4画 · 一部

bù 아니다, 못하다
不对 búduì 틀리다, 맞지 않다 / 对不起 duìbuqǐ 미안합니다

不不不不

步
걸음 보
7画 · 止部

bù 걸음, 단계
步行 bùxíng 걸어서 가다, 보행하다 / 步子 bùzi 보조, 걸음걸이

步步步步步步步

部
떼 부
10画 · 右阝部

bù 부분, 일부
部分 bùfen 부분 / 部门 bùmén 부서, 부문

部部部部部部部部部部

157

茶
차다 · 차
9画 · 艹部

chá 차
茶水 cháshuǐ 찻물 / 茶叶 cháyè 찻잎

茶茶茶茶茶茶茶茶茶

差
어긋날 차
9画 · 工部

chā / chà / chāi 차이, 다르다, 파견하다
差不多 chàbuduō 비슷하다 / 出差 chūchāi 출장가다

差差差差差差差差

常
항상 상
11画 · 巾部

cháng 자주, 일반적인
常常 chángcháng 항상, 흔히, 종종 / 经常 jīngcháng 늘, 항상, 언제나

常常常常常常常常常常常

车 (車)
수레 거 · 차
4画 · 车部

chē 차
车站 chēzhàn 정거장 / 汽车 qìchē 자동차

车车车车

吃
먹을 흘
6画 · 口部

chī 먹다
吃饭 chīfàn 밥을 먹다 / 吃亏 chīkuī 손해를 보다, 밑지다

吃吃吃吃吃吃
  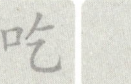   

出
나갈 출
5画 · 凵部

chū 나가다

出发 chūfā 출발(하다), 떠나다 / 出口 chūkǒu 출구

出出出

错
(錯)
어긋날 착
13画 · 钅部

cuò 틀리다, 나쁘다

错误 cuòwù 잘못, 실수, 틀리다 / 不错 búcuò 맞다, 틀림없다, 괜찮다

错错错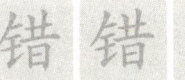

打
칠 타
5画 · 扌部

dǎ 치다, 싸우다

打电话 dǎ diànhuà 전화하다 / 打工 dǎgōng 아르바이트(하다)

打打打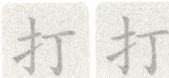

大
클 대
3画 · 大部

dà / dài 크다, 세다

大家 dàjiā 모두 / 大夫 dàifu 의사

大大大

带
(帶)
띠 대
9画 · 巾部

dài 벨트, 나타내다

带路 dàilù 길 안내를 하다 / 车带 chēdài 타이어

带带带带带带带带带

159

当 (當)
마땅할 당
6画·彐部

dāng / dàng 담당하다, ~이 되다, ~라고 생각하다
当兵 dāngbīng 군인이 되다, 군대를 가다 / 当做 dàngzuò ~로 여기다, ~로 삼다

当当当当当当

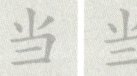    

党 (黨)
무리 당
10画·儿部

dǎng 정당
党员 dǎngyuán 당원 / 政党 zhèngdǎng 정당

党党党党党党党党党党

道
길 도
12画·辶部

dào 길, 도덕
道理 dàolǐ 법칙, 규율, 도리 / 道歉 dàoqiàn 사과하다

道道道道道道道道道道道道

得
얻을 득
11画·彳部

dé / děi / de 얻다, 필요하다, 구조 조사로 쓰임
得意 déyì 뜻을 이루다 / 得亏 déikui 다행히, 운좋게

得得得得得得得得得得得

等
등급 등
12画·竹部

děng 기다리다, 같다
等一会儿 děng yíhuìr 좀 기다리다, 이따가 / 等于 děngyú ~와 같다, 맞먹다

等等等等等等等等等等等

弟
아우 제 7画·弓部

dì 동생
弟弟 dìdi 아우 / 兄弟 xiōngdì 형제

弟弟弟弟弟弟弟
弟 弟

的
과녁 적 8画·白部

dì / dí / de 대상, 명확한, ~의
目的 mùdì 목적 / 我的书 wǒde shū 나의 책

的的的的的的的的
的 的

点(點)
점 점 9画·灬部

diǎn 점, 시간
点心 diǎnxin 간식, 가벼운 식사 / 五点 wǔdiǎn 5시

点点点点点点点点点
点 点

电(電)
번개 전 5画·田部

diàn 전기
电话 diànhuà 전화 / 电视 diànshì 텔레비전

电电电电电
电 电

定
정할 정 8画·宀部

dìng 고정하다, 결정하다
定期 dìngqī 기일·기한을 정하다, 정기(의) / 安定 āndìng 안정되다

定定定定定定定定
定 定

东(東)
동녘 동
5画・一部

dōng 동쪽, 주인
东西 dōngxi 사물, 물건 / 房东 fángdōng 집주인

东东东东东

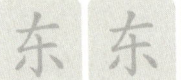

动(動)
움직일 동
6画・力部

dòng 움직이다, 불러 일으키다, (마음을) 움직이다
动物 dòngwù 동물 / 动身 dòngshēn 출발하다, 여행을 떠나다

动动动动动动

都
도읍 도
10画・阝部

dū / dōu 수도, 모두
首都 shǒudū 수도 / 他们都来了。Tāmen dōu lái le. 그들은 모두 왔습니다.

都都都都都都都都都都

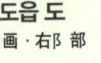

对(對)
마주볼 대
5画・寸部

duì 맞다, 좋다
对不起! Duìbuqǐ! 미안합니다! / 反对 fǎnduì 반대(하다)

对对对对对

多
많을 다
6画・夕部

duō 많다, 얼마나
多多 duōduō 대단히, 충분히, 많이 / 多少 duōshao 얼마, 몇

多多多多多多

儿 (兒)
아이 아
2画 · 儿部

ér 어린이, 아들, 명사의 뒤에 쓰임
儿童 értóng 아동 / 儿子 érzi 아들

儿儿

二
두 이
2画 · 二部

èr 이, 2
二流子 èrliúzi 건달, 망나니 / 第二天 dì'èrtiān 둘째 날, 그 다음날

二二

饭 (飯)
밥 반
7画 · 饣部

fàn 식사, 밥
饭店 fàndiàn 호텔, 식당 / 吃饭 chīfàn 식사하다

饭饭饭饭饭饭饭

方
모 방
4画 · 方部

fāng 사변형, 방법, ~쪽
方便 fāngbiàn 편리하다 / 方向 fāngxiàng 방향

方方方方

非
아닐 비
8画 · 非部

fēi ~이 아니다, 비난하다, 잘못, 과실
非常 fēicháng 대단히, 아주 / 是非 shìfēi 시비, 잘잘못

非非非非非非非非

 分
나눌 분
4画 · 刀部

fēn / fèn 나누다, 분별하다, 본분
分配 fēnpèi 분배하다, 할당하다 / 缘分 yuánfèn 인연, 연분

分分分分

服
옷 복
8画 · 月部

fú 의복, 담당하다
衣服 yīfu 옷, 의복 / 服务员 fúwùyuán 종업원

服服服服服服服服
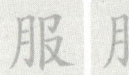 

 父
아비 부
4画 · 父部

fù 아버지, 손위 남자에 대한 존칭
父母 fùmǔ 부모 / 父亲 fùqīn 부친

父父父父

 高
높을 고
10画 · 高部

gāo 높다, 우수하다
高低 gāodī 높이, 고저, 우열 / 高兴 gāoxìng 기뻐하다, 좋아하다, 즐거워하다

高高高高高高高高高高

哥
형 가
10画 · 口部

gē 형, 오빠
哥哥 gēge 형, 오빠 / 大哥 dàgē 맏형, 형님

哥哥哥哥哥哥哥哥哥哥

164

个 (個)
낱 개
3画·人部

gè 크기, 단독의
个人 gèrén 개인 / 个性 gèxìng 개성

个 个 个

给 (給)
줄 급
9画·纟部

gěi / jǐ 주다, 공급하다
给以 gěiyǐ 주다 / 共给 gōngjǐ 공급하다

给 给 给 给 给 给 给 给 给

给 给

跟
발꿈치 근
13画·足部

gēn ~와 함께, ~에게
跟随 gēnsuí 뒤따르다, 동행하다 / 跟着 gēnzhe 뒤따라, 잇달아

跟 跟 跟 跟 跟 跟 跟 跟 跟 跟 跟 跟 跟

跟 跟

更
고칠 경
7画·日部

gēng / gèng 변경하다, 한층 더
更新 gēngxīn 갱신하다 / 更加 gèngjiā 더욱더, 한층

更 更 更 更 更 更 更

更 更

工
장인 공
3画·工部

gōng 노동자, 일
工厂 gōngchǎng 공장 / 工夫 gōngfu 시간, 틈, 여가

工 工 工

工 工

公
공평할 공
4画·八部

gōng 공동의, 공개하다
公共 gōnggòng 공공의, 공용의 / 公开 gōngkāi 공개(하다)

功
공 공
5画·力部

gōng 공로, 성과
功劳 gōngláo 공로 / 功能 gōngnéng 기능, 작용, 효능

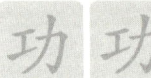

关(關)
문빗장 관
6画·丷部

guān 닫다, 관계되다
关键 guānjiàn 관건 / 关系 guānxi 관계(되다)

国(國)
나라 국
8画·口部

guó 국가
国籍 guójí 국적 / 国家 guójiā 국가

过(過)
넘을 과
6画·辶部

guò 건너다, 경과하다
过去 guòqù 과거, 지나가다, 죽다 / 过于 guòyú 지나치게, 너무

孩
어린아이 해
9画 · 子部

hái 어린이, 자녀

孩子 háizi 아동, 아이 / 小孩儿 xiǎoháir 어린아이

孩孩孩孩孩孩孩孩孩

害
해칠 해
10画 · 宀部

hài 해롭다, 손해

害虫 hàichóng 해충 / 害怕 hàipà 두려워하다, 무서워하다, 근심하다

害害害害害害害害害害

汉 (漢)
한나라 한
5画 · 氵部

hàn 한족, 남자

汉语 Hànyǔ 한어 / 男子汉 nánzǐhàn 사나이, 대장부

汉汉汉汉汉

好
좋을 호
6画 · 女部

hǎo 좋다, 훌륭하다

好看 hǎokàn 보기 좋다, 근사하다 / 好像 hǎoxiàng 마치 ~과 같다, 비슷하다

好好好好好好

号 (號)
이름 호
5画 · 口部

hào / háo 번호, 명칭, 부르다

号码 hàomǎ 번호, 숫자, 사이즈 / 号叫 háojiào 큰 소리로 외치다

号号号号号

合
합할 합
6画 · 口部

hé 합치다, 협동하다, 어울리다, 부합하다
合适 héshì 적당하다, 알맞다 / 合作 hézuò 합작(하다), 협력(하다)

合合合合合合

黑
검을 흑
12画 · 黑部

hēi 검다, 나쁘다
黑板 hēibǎn 칠판 / 黑人 Hēirén 흑인, 흑색 인종

黑黑黑黑黑黑黑黑黑黑黑黑

很
매우 흔
9画 · 彳部

hěn 매우, 대단히
很多 hěn duō 매우 많다 / 很好 hěn hǎo 매우 좋다

很很很很很很很很

后(後)
뒤 후
6画 · 口部

hòu 뒤
后悔 hòuhuǐ 후회(하다) / 后来 hòulái 이후, 나중에, 그 다음에

后后后后后后

候
기다릴 후
10画 · 彳部

hòu 기다리다, 계절
气候 qìhòu 기후 / 问候 wènhòu 안부를 묻다, 문안드리다

候候候候候候候候候

话 (話)
이야기 화
8画 · 讠部

huà 말하다, 말
话题 huàtí 화제 / 对话 duìhuà 대화(하다)

话话话话话话话话
话 话

欢 (歡)
기뻐할 환
6画 · 欠部

huān 기쁘다, 활발하다
欢送 huānsòng 환송하다 / 欢迎 huānyíng 환영(하다)

欢欢欢欢欢欢
欢 欢

还 (還)
돌아올 환
7画 · 辶部

hái / huán 아직도, 반환하다
还好 háihǎo (그런대로) 괜찮다, 다행히도 / 还是 háishi 아직도, 여전히

还还还还还还还
还 还

回
돌아올 회
6画 · 口部

huí 돌아오다, 회답하다
回顾 huígù 회고하다, 회상하다 / 回来 huílái 돌아오다

回回回回回回
回 回

会 (會)
모을 회
6画 · 人部

huì 할 줄 알다, 모임
会话 huìhuà 회화 / 会议 huìyì 회의

会会会会会会
会 会

婚
혼인할 혼
11画 · 女部

hūn 혼인하다
婚姻 hūnyīn 혼인(하다), 결혼(하다) / 结婚 jiéhūn 결혼(하다)

婚婚婚婚婚婚婚婚婚婚婚

婚 婚

几 (*幾)
얼마 기
2画 · 几部

jī / jǐ 거의, 몇
几乎 jīhū 거의, 하마터면 / 几点 jǐ diǎn 몇 시

几几

几 几

纪 (紀)
벼리 기
6画 · 纟部

jì 기록하다, 규율
纪律 jìlǜ 규율, 기율 / 纪念 jìniàn 기념(하다)

纪纪纪纪纪纪

纪 纪

家
집 가
10画 · 宀部

jiā 집, 가정
家具 jiāju 가구, 세간 / 家庭 jiātíng 가정

家家家家家家家家家家

家 家

见 (見)
볼 견
4画 · 见部

jiàn 보다, 만나다, 의견
见面 jiànmiàn 만나다 / 再见! Zàijiàn! 또 뵙겠습니다, 안녕히 계십시오!

见见见见

见 见

件
것 건
6画·亻部

jiàn 문서, 건(일·사건·개체의 사물을 세는 데 사용함)
事件 shìjiàn 사건, 일, 상황 / 零件 língjiàn 부품, 부속품

件件件件件件

叫
부르짖을 규
5画·口部

jiào 부르다, ~하게 하다
叫喊 jiàohǎn 소리지르다 / 叫嚷 jiàorǎng 고함치다, 떠들어대다

叫叫叫叫叫

教
가르칠 교
11画·攵部

jiào / jiāo 가르치다, 전수하다
教授 jiàoshòu 교수하다, 전수하다 / 教育 jiàoyù 교육(하다), 가르침

教教教教教教教教教教

结
(結)
맺을 결
9画·纟部

jié 매다, (열매를) 맺다, 응결하다
结果 jiéguǒ 결실, 결과 / 结婚 jiéhūn 결혼(하다)

结结结结结结结结结

介
낄 개
4画·人部

jiè 끼이다, 사이에 들다, 소개하다, 신경쓰다
介入 jièrù 개입하다, 끼어들다 / 介绍 jièshào 소개하다, 중매하다

介介介介

171

이제 금
4画 · 人部

jīn 지금, 오늘
今年 jīnnián 금년 / 今日 jīnrì 오늘, 현재
今今今今

가까울 근
7画 · 辶部

jìn 가깝다, 친하다
近代 jìndài 근대, 근세 / 近来 jìnlái 근래, 요즘
近近近近近近近

서울 경
8画 · 亠部

jīng 수도, 서울
京剧 jīngjù 경극 / 北京 Běijīng 베이징
京京京京京京京京

(經)
날 경
8画 · 纟部

jīng 경영하다, 경과하다
经常 jīngcháng 늘, 항상, 언제나 / 已经 yǐjing 이미, 벌써
经经经经经经经经

오랠 구
3画 · 丿部

jiǔ 오래다
久等 jiǔděng 오래 기다리다 / 久仰 jiǔyǎng 존함은 오래전부터 들었습니다
久久久

就
이룰 취
12画 · 尢部

jiù 곧, 성취하다
就是 jiùshì 바로 ~이다 / 就业 jiùyè 취직하다, 취업하다

就就就就就就就就就就就就
就 就

觉(覺)
깨달을 각
9画 · 见部

jué / jiào 느끼다, 자다
觉得 juéde ~라고 느끼다, ~라고 여기다 / 睡觉 shuìjiào 자다

觉觉觉觉觉觉觉觉
觉 觉

开(開)
열 개
4画 · 艹部

kāi 열다, 개최하다
开会 kāihuì 회의를 열다 / 开始 kāishǐ 시작하다

开开开开
开 开

看
볼 간
9画 · 目部

kàn 보다, 읽다
看病 kànbìng 문병하다, (의사가) 진찰하다, 치료하다 / 看法 kànfǎ 견해, 관점

看看看看看看看看看
看 看

可
옳을 가
5画 · 口部

kě ~할 수 있다, ~할 만하다
可爱 kě'ài 사랑스럽다, 귀엽다 / 可能 kěnéng 가능하다, ~할 수 있다, 아마도

可可可可可
可 可

刻 새길 각
8画·刂部

kè 조각하다, 냉혹하다
刻苦 kèkǔ 고생을 참아내다 / 雕刻 diāokè 조각(하다)

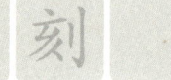

口 입 구
3画·口部

kǒu 입, 입구
口袋 kǒudài 호주머니 / 口气 kǒuqì 말투, 어투, 말씨

快 쾌할 쾌
7画·忄部

kuài 빠르다, 날카롭다
快餐 kuàicān 즉석 음식, 패스트푸드 / 愉快 yúkuài 유쾌하다

拉 끌 랍
8画·扌部

lā 끌다, 악기를 켜다
拉车 lāchē 수레를 끌다 / 拉拉队 lālāduì 응원단

来 (來) 올 래
7画·木部

lái 오다, 나타나다
来信 láixìn 보내온 편지, 편지가 오다 / 往来 wǎnglái 오가다, 왕래

老
늙을 로
6画 · 耂部

lǎo 늙다, 본래의
老板 lǎobǎn 주인, 사장 / 老大 lǎodà (형제나 자매의) 맏이

老老老老老老

乐 (樂)
즐거울 락
5画 · 丿部

lè / yuè 즐겁다, 음악
快乐 kuàilè 즐겁다, 쾌락, 즐거움 / 音乐 yīnyuè 음악

乐乐乐乐乐

理
다스릴 리
11画 · 王部

lǐ 이치, 정리하다
理解 lǐjiě 이해(하다) / 理论 lǐlùn 이론·시비를 논하다

理理理理理理理理理理

利
날카로울 리
7画 · 刂部

lì 이익, 날카롭다
利润 lìrùn 이윤 / 利用 lìyòng 이용(하다)

利利利利利利利

两 (兩)
둘 량
7画 · 一部

liǎng 둘
两極 liǎngjí 양극(남극과 북극, 양극과 음극) / 两面 liǎngmiàn 양면, 양쪽

两两两两两两两

留
머무를 류
10画 · 田部

liú 머무르다, 남겨 두다
留步 liúbù 나오지 마세요 / 留学 liúxué 유학하다

留留留留留留留留留留

流
흐를 류
10画 · 氵部

liú 흐르다, 유랑하다
流利 liúlì (문장이나 말 등이) 유창하다 / 流行 liúxíng 유행(하다), 성행(하다)

流流流流流流流流流流
 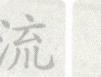

六
여섯 륙
4画 · 八部

liù 여섯
六书 liùshū 육서 / 五脏六腑 wǔzàng liùfǔ 오장육부

六六六六

路
길 로
13画 · 足部

lù 길, 방법
活路 huólù 살아나갈 길, 활로 / 思路 sīlù 사고의 방향, 생각의 갈피

路路路路路路路路路路路路

妈 (媽)
어미 마
6画 · 女部

mā 엄마, 어머니
妈妈 māma 엄마, 어머니 / 大妈 dàmā 백모, 큰어머니

妈妈妈妈妈妈

吗 (嗎)
어조사 마
6画 · 口部

ma / mǎ 문미에 사용하여 의문문을 만듦
你能来吗? Nǐ néng lái ma? 당신은 올 수 있습니까? / 吗啡 mǎfēi 모르핀

吗 吗 吗 吗 吗 吗

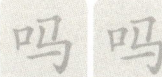

买 (買)
살 매
6画 · 一部

mǎi 사다
买单 mǎidān 후불하다, 계산하다 / 买卖 mǎimài 매매하다, 사고팔다

买 买 买 买 买 买

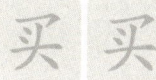

卖 (賣)
팔 매
8画 · 十部

mài 팔다
卖力气 màilìqi 전심전력하다, 있는 힘을 다하다 / 卖完 màiwán 매진되다

卖 卖 卖 卖 卖 卖 卖 卖

慢
게으를 만
14画 · 忄部

màn 느리다
慢车 mànchē 완행열차 / 慢走 mànzǒu 천천히 걷다, 안녕히 가세요

慢 慢 慢 慢 慢 慢 慢 慢 慢 慢 慢 慢 慢 慢

慢 慢

忙
바쁠 망
6画 · 忄部

máng 바쁘다
忙乱 mángluàn 바빠서 두서가 없다 / 繁忙 fánmáng 번거롭고 바쁘다

忙 忙 忙 忙 忙 忙

忙 忙

没
빠질 몰 7画·氵部

méi / mò 없다, 아니다, 가라앉다
没有 méiyǒu 없다 / 沉没 chénmò 침몰하다, 물에 가라앉다

每
매양 매 7画·母部

měi 매, 각
每天 měitiān 매일 / 每次 měicì 매번

美
아름다울 미 9画·丷部

měi 아름답다
美丽 měilì 아름답다 / 美女 měinǚ 미녀

妹
누이 매 8画·女部

mèi 누이동생, 여동생
妹妹 mèimei 여동생 / 表妹 biǎomèi 사촌 누이동생

们 (們)
들 문 5画·亻部

men ~들
朋友们 péngyoumen 친구들 / 我们 wǒmen 우리

面 (*麵) 낯 면
9画·面部

miàn 얼굴, 표면, 가루
面前 miànqián 눈앞, 면전 / 方便面 fāngbiànmiàn 라면

面面面面面面面面面
面 面

名 이름 명
6画·口部

míng 이름, 명성
名牌 míngpái 유명 상표 / 有名 yǒumíng 유명하다

名名名名名名
名 名

明 밝을 명
8画·日部

míng 밝다, 명백하다, 이해하다
明白 míngbai 알다, 이해하다 / 明亮 míngliàng 밝다, 환하다

明明明明明明明明
明 明

末 끝 말
5画·木部

mò 물건의 끝, 대수롭지 않은 일
周末 zhōumò 주말 / 本末倒置 běn mò dào zhì 본말이 전도되다

末末末末末
末 末

母 어미 모
5画·母部

mǔ 어머니, 나이 많은 부인
母亲 mǔqīn 모친, 어머니 / 母爱 mǔ'ài 모성애

母母母母母
母 母

拿 잡을 나 10画·手部	ná (손으로) 잡다, 장악하다 拿走 názǒu 가지고 가다 / 拿到 nádào 입수하다, 손에 넣다 拿拿拿拿拿拿拿拿拿拿 拿 拿
哪 어찌 나 9画·口部	nǎ 어느 것, 어디 哪儿 nǎr 어디 / 哪怕 nǎpà 설사 ~라 하더라도 哪哪哪哪哪哪哪哪哪 哪 哪
那 무엇 나 6画·右阝部	nà 그, 저 那个 nàge 그, 저, 그것 / 那么 nàme 그러면, 그렇게 那那那那那那 那 那
男 사내 남 7画·田部	nán 남자, 아들 男孩儿 nánháir 사내아이 / 男子 nánzǐ 남자 男男男男男男男 男 男
难 (難) 어려울 난 10画·隹部	nán / nàn 어렵다, 좋지 않다, 재난 难听 nántīng 듣기 싫다, 귀에 거슬리다 / 难民 nànmín 난민 难难难难难难难难难难 难 难

呢
의문조사 니
8画 · 口部

ne 의문의 어기를 나타내는 조사
我的帽子呢? wǒde màozi ne? 내 모자는?

呢呢呢呢呢呢呢呢
呢 呢

你
너 니
7画 · 亻部

nǐ 너, 당신, 자네
你好! Nǐ hǎo! 안녕! / 你们 nǐmen 너희들

你你你你你你你
你 你

年
해 년
6画 · 干部

nián 해, 년, 연령
年初 niánchū 연초 / 年龄 niánlíng 나이, 연령

年年年年年年
年 年

您
당신 닌
11画 · 心部

nín 당신
老师您好! Lǎoshī nín hǎo! 선생님 안녕하세요! / 您早! Nín zǎo! 안녕하세요!

您您您您您您您您您您
您 您

平
평평할 평
5画 · 干部

píng 평평하다
平安 píng'ān 편안하다 / 平常 píngcháng 평소, 보통이다, 일반적이다

平平平平平
平 平

七
일곱 칠
2画 · 一部

qī 일곱, 칠
七月 qīyuè 7월 / 七上八下 qī shàng bā xià 마음이 혼란스럽다, 안절부절못하다

七七

期
기약할 기
12画 · 月部

qī 기약하다, 시기
过期 guòqī 기한이 지나다 / 星期天 xīngqītiān 일요일

期期期期期期期期期期

期期

起
일어날 기
10画 · 走部

qǐ 일어서다
起床 qǐchuáng 기상하다 / 起来 qǐlái 일어나다

起起起起起起起起起起

起起

气 (氣)
기운 기
4画 · 气部

qì 기체, 기운, 성내다
气候 qìhòu 기후 / 气人 qìrén 성나게 하다, 부아를 돋우다

气气气气

气气

千 (*韆)
일천 천
3画 · 十部

qiān 천, 그네
千万 qiānwàn 절대로 / 秋千 qiūqiān 그네

千千千

千千

前
앞 전
9画 · 刂部

qián 앞, 이전
前天 qiántiān 그저께 / 以前 yǐqián 이전에

前前前前前前前前前
前 前

钱
(錢)
돈 전
10画 · 钅部

qián 돈
钱包 qiánbāo 돈지갑 / 零钱 língqián 잔돈

钱钱钱钱钱钱钱钱钱钱
钱 钱

清
깨끗할 청
11画 · 氵部

qīng 깨끗하다
清楚 qīngchu 분명하다, 뚜렷하다 / 清爽 qīngshuǎng 시원하다, 맑고 상쾌하다

清清清清清清清清清清清
清 清

请
(請)
청할 청
10画 · 讠部

qǐng 청하다, 초대하다
请客 qǐngkè 손님을 초대하다, 한턱내다 / 请问! Qǐngwèn! 말 좀 묻겠습니다.

请请请请请请请请请请
请 请

球
공 구
11画 · 王部

qiú 공, 구기 운동
球场 qiúchǎng 구장 / 足球 zúqiú 축구

球球球球球球球球球球球
球 球

去 갈 거
5画 · 厶部

qù 가다, 떠나다
去年 qùnián 작년 / 进去 jìnqù 들어가다

去去去去去
去 去

全 온전할 전
6画 · 入部

quán 온전하다, 전체의
全部 quánbù 전부(의) / 全面 quánmiàn 전면적이다, 총체적이다

全全全全全全
全 全

然 그럴 연
12画 · 灬部

rán 그러하다
然后 ránhòu 그러한 후에, 연후에 / 当然 dāngrán 당연하다

然然然然然然然然然然然然
然 然

人 사람 인
2画 · 人部

rén 사람
人才 réncái 인재 / 人口 rénkǒu 인구

人人
人 人

认 (認) 알 인
4画 · 讠部

rèn 알다, 인식하다
认识 rènshi 알다, 인식하다 / 认为 rènwéi ~라고 여기다, 생각하다

认认认认
认 认

少
적을 소
4画 · 小部

shǎo / shào 적다, 결핍되다, 젊다
少见 shǎojiàn 보기 드물다, 진귀하다 / 少年 shàonián 소년

谁 (誰)
누구 수
10画 · 讠部

shéi 누구
谁知道? Shéi zhīdao? 누가 알겠는가? / 你是谁? Nǐ shì shéi? 당신은 누구십니까?

몸 신
7画 · 身部

shēn 몸
身材 shēncái 체격, 몸매 / 身体 shēntǐ 몸, 신체, 건강

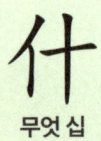
무엇 십
4画 · 亻部

shén / shí 무슨, 무엇, 열
什么 shénme 무엇 / 什么的 shénmede 등등, 따위

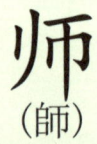
(師)
스승 사
6画 · 巾部

shī 스승
师傅 shīfu 스승, 사부 / 老师 lǎoshī 선생님

十
열 십
2画·十部

shí 열
十分 shífēn 매우, 대단히 / 十字路口 shízìlùkǒu 사거리

十十

时 (時)
때 시
7画·日部

shí 시기
时候 shíhou ~때, ~동안 / 时间 shíjiān 시간

时时时时时时时

识 (識)
알 식
7画·讠部

shí / zhì 알다 / 표하다
识别 shíbié 식별하다, 가려내다 / 款识 kuǎnzhì 낙관

识识识识识识识

始
처음 시
8画·女部

shǐ 처음, 시작
始终 shǐzhōng 언제나, 시종 / 开始 kāishǐ 시작하다

始始始始始始始始

事
일 사
8画·亅部

shì 일
事情 shìqing 일, 사정, 사건 / 事实 shìshí 사실

事事事事事事事事

试(試)
시험할 시
8画·讠

shì 시험 삼아 해보다
考试 kǎoshì 시험(을 보다) / 尝试 chángshì 시험(해 보다), 경험(해 보다)

试试试试试试试试
试 试

视(視)
볼 시
8画·见部

shì 보다
注视 zhùshì 주시하다 / 电视机 diànshìjī 텔레비전

视视视视视视视视
视 视

是
옳을 시
9画·日部

shì ~이다, 옳다고 여기다
他是老师。Tā shì lǎoshī. 그는 선생님입니다. / 是否 shìfǒu ~인지 아닌지

是是是是是是是是是
是 是

手
손 수
4画·手部

shǒu 손
手表 shǒubiǎo 손목시계 / 握手 wòshǒu 악수하다

手手手手
手 手

首
머리 수
9画·首部

shǒu 우두머리, 처음의
首都 shǒudū 수도 / 首先 shǒuxiān 우선, 먼저

首首首首首首首首首
首 首

书 (書)
글 서
4画 · 乛部

shū 책
书法 shūfǎ 서예 / 读书 dúshū 독서하다, 공부하다

书书书书

睡
잘 수
13画 · 目部

shuì 자다
睡不着 shuìbuzháo 잠들지 못하다 / 睡觉 shuìjiào 자다

睡睡睡睡睡睡睡睡睡睡睡睡睡

思
생각할 사
9画 · 心部

sī 생각하다
思考 sīkǎo 깊이 생각하다, 사고하다 / 思念 sīniàn 그리워하다

思思思思思思思思思

死
죽을 사
6画 · 歹部

sǐ 죽다
死路 sǐlù 막다른 길, 절망의 길 / 饿死了。Èsǐ le. 배고파 죽겠다.

死死死死死死

四
넉 사
5画 · 口部

sì 넷, 4
四方 sìfāng 사방, 각처 / 四周 sìzhōu 사방, 주위, 둘레

四四四四四

随 (隨)
따를 수
11画·阝部

suí 뒤를 따르다
随便 suíbiàn 제멋대로 하다 / 随着 suízhe ~따라서, ~뒤이어

随随随随随随随随随随

岁 (歲)
해 세
6画·山部

suì 해, ~살
岁数 suìshu 나이, 연령 / 岁月 suìyuè 세월

岁岁岁岁岁岁

孙 (孫)
손자 손
6画·子部

sūn 손자
孙子 sūnzi 손자 / 外孙 wàisūn 외손자

孙孙孙孙孙孙

他
다를 타
5画·亻部

tā 그, 제삼자
其他 qítā 기타 / 他是我弟弟。Tā shì wǒ dìdi. 그는 나의 남동생입니다.

他他他他他

她
그녀 타
6画·女部

tā 그 여자, 그녀
她们 tāmen 그녀들 / 她是我妹妹。Tā shì wǒ mèimei. 그녀는 나의 여동생입니다.

她她她她她她

太
클 태
4画·大部

tài 크다, 매우
太阳 tàiyáng 태양 / 太好了。Tài hǎo le. 매우 좋다.

太太太太

特
유다를 특
10画·牛部

tè 특수하다, 대단히
特点 tèdiǎn 특색, 특징 / 特殊 tèshū 다르다, 특수하다

特特特特特特特特特特

提
끌 제
12画·扌部

tí 끌어올리다, 제시하다
提出 tíchū 제출하다, 제의하다 / 提高 tígāo 향상시키다

提提提提提提提提提提提

体(體)
몸 체
7画·亻部

tǐ 몸
体现 tǐxiàn 구현하다, 구체적으로 드러내다 / 体形 tǐxíng 체형, 몸매, 형태

体体体休休休休

天
하늘 천
4画·大部

tiān 하늘
天空 tiānkōng 하늘, 공중 / 天气 tiānqì 날씨

天天天天

听(聽) 들을 청
7画·口部

tīng 듣다
听说 tīngshuō 듣기로는, ~라고 들었다 / 听写 tīngxiě 받아쓰기(를 하다)

听听听听听听听

同 한가지 동
6画·口部

tóng 같다
同班 tóngbān 동급생, 같은 반 / 同时 tóngshí 동시에

同同同同同同

晚 늦을 만
11画·日部

wǎn (때가) 늦다, 밤, 저녁
晚报 wǎnbào 석간 신문 / 晚上 wǎnshang 저녁

晚晚晚晚晚晚晚晚晚晚

王 임금 왕
4画·王部

wáng 임금
王后 wánghòu 왕후, 왕비 / 王子 wángzǐ 왕자

王王王王

为(爲) 할 위
4画·丶部

wéi / wèi 하다, ~로 삼다, ~를 위하여
为人 wéirén 사람 됨됨이, 위인 / 为什么 wèi shénme 왜

为为为为

(問)
물을 문
6画·门部

wèn 묻다
问候 wènhòu 안부를 묻다 / 问题 wèntí 문제

问问问问问问

나 아
7画·戈部

wǒ 나, 저
我们 wǒmen 우리들 / 我和你 wǒ hé nǐ 나와 너

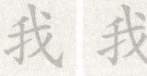

五
다섯 오
4画·二部

wǔ 다섯
五年级 wǔ niánjí 5학년 / 五指 wǔzhǐ 다섯 손가락

숨쉴 식
10画·心部

xī 숨, 소식, 휴식하다
信息 xìnxī 소식 / 休息 xiūxi 휴식하다

息息息息息息息息

기쁠 희
12画·口部

xǐ 기뻐하다
喜欢 xǐhuan 좋아하다 / 喜酒 xǐjiǔ 결혼 축하주

喜喜喜喜喜喜喜喜喜喜
喜 喜

系 (*係, 繫)
매달 계
7画·糸部

xì 계열, 관계되다, 묶다
系列 xìliè 계열, 시리즈 / 关系 guānxi 관계

系系系系系系系

下
아래 하
3画·一部

xià 아래, 내려가다
下次 xiàcì 다음 번 / 下班 xiàbān 퇴근하다

下下下

先
먼저 선
6画·儿部

xiān 먼저, 선조
先后 xiānhòu 선후, 먼저와 나중 / 先生 xiānsheng 선생, ~씨

先先先先先先

想
생각할 상
13画·心部

xiǎng 생각하다, 걱정하다
想法 xiǎngfǎ 생각, 의견, 견해 / 想念 xiǎngniàn 그리워하다, 생각하다

想想想想想想想想想想想

谢 (謝)
사례할 사
12画·讠部

xiè 감사하다
谢谢 xièxie 감사합니다 / 谢意 xièyì 감사의 뜻, 사의

谢谢谢谢谢谢谢谢谢谢

兴 (興)
흥취 흥
6画 · 八部

xīng / xìng 새로 만들다, 흥하다, 흥미

兴奋 xīngfèn 감격하다, 흥분하다 / 兴趣 xìngqù 흥미, 취미, 재미

兴 兴 兴 兴 兴 兴

星
별 성
9画 · 日部

xīng 별, 스타

星期一 xīngqīyī 월요일 / 名星 míngxīng 인기있는 배우나 운동선수, 스타

星 星 星 星 星 星 星 星

行
갈 행
6画 · 行部

xíng / háng 가다, 하다, 실행하다, 직업

旅行 lǚxíng 여행하다 / 行业 hángyè 직업, 일거리

行 行 行 行 行 行

兄
맏 형
5画 · 儿部

xiōng 형

兄弟 xiōngdì 형제 / 表兄 biǎoxiōng 사촌 형

兄 兄 兄 兄 兄

学 (學)
배울 학
8画 · 子部

xué 배우다, 학습하다, 학과

学习 xuéxí 공부하다 / 大学 dàxué 대학

学 学 学 学 学 学 学 学

意
뜻 의
13画 · 心部

yì 생각
意见 yìjiàn 견해, 의견 / 意外 yìwài 의외이다, 뜻밖이다

意意意意意意意意意意意意

意 意

迎
맞이할 영
7画 · 辶部

yíng 영접하다
迎接 yíngjiē 영접하다, 맞이하다 / 欢迎 huānyíng 환영(하다)

迎迎迎迎迎迎迎

迎 迎

影
그림자 영
15画 · 彡部

yǐng 그림자, 영상
电影 diànyǐng 영화 / 影响 yǐngxiǎng 영향(을 미치다)

影影影影影影影影影影影影影影影

影 影

用
쓸 용
5画 · 用部

yòng 사용하다
用品 yòngpǐn 용품 / 费用 fèiyòng 비용

用用用用用

用 用

游
헤엄칠 유
12画 · 氵部

yóu 헤엄치다, 유람하다
游客 yóukè 관광객, 유람객 / 游泳 yóuyǒng 수영(하다)

游游游游游游游游游游

游 游

197

友
벗 우
4画·又部

yǒu 벗, 친구
朋友 péngyou 친구 / 友情 yǒuqíng 우정
友友友友

有
있을 유
6画·月部

yǒu 가지다, 있다
有的 yǒude 어떤 것, 어떤 사람 / 有事 yǒushì 일이 있다, 용무가 있다
有有有有有有

语(語)
말씀 어
9画·讠部

yǔ 말, 말하다
语言 yǔyán 언어 / 外语 wàiyǔ 외국어
语语语语语语语语语

院
담 원
9画·阝部

yuàn 뜰, (단과)대학
院子 yuànzi 뜰, 정원 / 学院 xuéyuàn (단과)대학
院院院院院院院院院

月
달 월
4画·月部

yuè 달, 월
月亮 yuèliang 달 / 六月 liùyuè 6월
月月月月

运 (運) 옮길 운
7画·辶部

yùn 이동하다, 운동하다
运动 yùndòng 운동, 스포츠 / 运气 yùnqi 운수, 운세, 행운

运运运运运运运

杂 (雜) 섞일 잡
6画·木部

zá 뒤섞이다
杂乱 záluàn 난잡하다, 무질서하다 / 杂志 zázhì 잡지

杂杂杂杂杂杂

再 다시 재
6画·冂部

zài 다시, 또
再见! Zàijiàn! 안녕, 안녕히 가세요! / 再说 게다가, 다시 한 번 말하다

再再再再再再
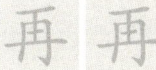

在 있을 재
6画·土部

zài 존재하다, ~에 있다
在家 zàijiā 집에 있다 / 在职 zàizhí 재직하다

在在在在在在
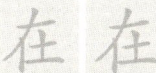

早 새벽 조
6画·日部

zǎo 아침, 이르다
早安! Zǎo'ān! 안녕하세요!(아침 인사) / 早饭 zǎofàn 아침밥

早早早早早早

199

怎
어찌 즘
9画 · 心部

zěn 어찌
怎么 zěnme 어떻게, 왜 / 怎样 zěnyàng 어떠하다, 어떻게

怎怎怎怎怎怎怎怎怎

张 (張)
펼 장
7画 · 弓部

zhāng 열다, 확장하다
张望 zhāngwàng 엿보다, 들여다보다 / 扩张 kuòzhāng 확장하다, 확대하다

张张张张张张张

找
찾을 조
7画 · 扌部

zhǎo 찾다
找对象 zhǎo duìxiàng 배우자를 찾다 / 找钱 zhǎoqián 돈을 거슬러주다

找找找找找找找

这 (這)
이 저
7画 · 辶部

zhè 이, 이렇게
这个 zhège 이것 / 这么 zhème 이러한, 이와 같은

这这这这这这这

着
붙을 착
11画 · 目部

zhe / zhuó / zháo ~하고 있다, 입다, 접촉하다
吃着 chīzhe 먹고 있다 / 着凉 zháoliáng 감기에 걸리다

着着着着着着着着着着

真
참 진
10画·目部

zhēn 진실하다
真的 zhēnde 정말로 / 真心 zhēnxīn 진심

真真真真真真真真真真
真 真

正
바를 정
5画·止部

zhèng 곧다, 정당하다
正常 zhèngcháng 정상적이다 / 正直 zhèngzhí 정직하다

正正正正正
正 正

中
가운데 중
4画·丨部

zhōng / zhòng 가운데, 명중하다
中级 zhōngjí 중급 / 中毒 zhòngdú 중독(되다)

中中中中
中 中

重
무거울 중
9画·里部

zhòng / chóng 무겁다, 거듭하다
重大 zhòngdà 중대하다 / 重复 chóngfù 중복(되다), 번복(되다)

重重重重重重重重重
重 重

周
두루 주
8画·口部

zhōu 주도면밀하다, 주일, 주위
周到 zhōudào 주도면밀하다, 꼼꼼하다 / 周末 zhōumò 주말

周周周周周周周周
周 周

zhù 축원하다, 축복하다
祝福 zhùfú 축복하다 / 祝贺 zhùhè 축하하다

빌 축 9画·礻部

zǐ / zi 아들, 명사 뒤에 쓰임
男子 nánzǐ 남자 / 儿子 érzi 아들

아들 자 3画·子部

zì 글자
汉字 Hànzì 한자 / 字典 zìdiǎn 자전

글자 자 6画·子部

zǒu 걷다
走动 zǒudòng 거닐다, 움직이다 / 走路 zǒulù 걷다

달릴 주 7画·走部

zuì 가장, 제일
最大 zuì dà 가장 크다 / 最好 zuì hǎo 가장 좋다

가장 최 12画·日部

作
지을 작
7画·亻部

zuò 행하다
操作 cāozuò 조작하다 / 作文 zuòwén 글을 쓰다

作作作作作作作
作 作

做
지을 주
11画·亻部

zuò 만들다, 종사하다
做生意 zuò shēngyi 장사하다 / 做夢 zuòmèng 꿈을 꾸다

做做做做做做做做做做
做 做